2019年度吉林大学基本科研业务费哲学社会科学研究种子基金项目“日本文学中的猿猴叙事及其主题研究”（2019ZZ005）

基于中国文学人类学四重证据法的

日本猴文化研究

孙胜广／著

吉林大学出版社
·长春·

图书在版编目（CIP）数据

基于中国文学人类学四重证据法的日本猴文化研究 / 孙胜广著. -- 长春 : 吉林大学出版社, 2023.1
ISBN 978-7-5768-1484-2

Ⅰ. ①基… Ⅱ. ①孙… Ⅲ. ①猴科 - 文化人类学 - 研究 - 日本 Ⅳ. ①C958

中国国家版本馆CIP数据核字(2023)第041702号

书　　名：基于中国文学人类学四重证据法的日本猴文化研究
JIYU ZHONGGUO WENXUE RENLEIXUE SI CHONG ZHENGJUFA DE RIBEN HOUWENHUA YANJIU

作　　者：孙胜广
策划编辑：张宏亮
责任编辑：殷丽爽
责任校对：甄志忠
装帧设计：雅硕图文
出版发行：吉林大学出版社
社　　址：长春市人民大街4059号
邮政编码：130021
发行电话：0431-89580028/29/21
网　　址：http://www.jlup.com.cn
电子邮箱：jldxcbs@sina.com
印　　刷：长春市中海彩印厂
开　　本：787mm × 1092mm　　1/16
印　　张：8.5
字　　数：150千字
版　　次：2023年1月　第1版
印　　次：2024年1月　第1次
书　　号：ISBN 978-7-5768-1484-2
定　　价：80.00元

序

喜闻《基于中国文学人类学四重证据法的日本猴文化研究》一书即将出版，这是我非常感兴趣的课题，作者孙胜广君又是我作为导师指导的最后一名博士研究生，自然要说上几句，权作序言。

说起“猴文化”，中国人好像都不陌生，这恐怕得益于美猴王形象及故事的广泛普及。当然，《西游记》的故事在日本也广为人知，很有人气，可是这只不过是博大精深、源远流长的“猴文化”中的一小部分，或曰一种文艺表现形式。究竟什么是“猴文化”？日本的“猴文化”与中国的有什么异同？为什么会产生各种不同？这与两个民族的社会、历史、人们的审美观及价值观又有什么关系？对于这些看似司空见惯却又很少有人思考的文化之谜，本书会一一给出意想不到又令人信服的答案。

本书是胜广君在他的博士论文基础上，经过补充、修改，几易其稿而成的。书中大胆使用四重证据法和N级编码论，并结合民俗学理论，从中日比较的视角，对日本的“猴文化”从古至今的发展、变化及在民俗学中的意义进行了系统、综合的梳理和分析。

日本自古就只有猴而没有猿，用“猿”字表示“猴”是一种张冠李戴，这是学日语的人几乎都知道又好像谁都没在意的事实。对此，本书作者通过查阅大量的古今文献，又从文字学、音声学的视角，尤其是从“言灵”方面进行分析，指出这是“万物有灵论在语言上的体现”。远古的日本既有猴崇拜的时期，也有过食猴肉的阶段，还有把猴作为马的保护神，将其画像供于马厩的历史。这不禁令人想起《西游记》中“弼马温”（“避马瘟”的谐音）这一放马的低级官职来。应该说，二者同出一源，根在中国。

以“猿”示“猴”，发音为“さる”，在日语里和“去”发音相同。直至

21世纪的今天，日本新年期间还要举行“耍猴”表演，许多民众尤其有小孩的家庭都要去观看，其寓意就是在新的一年里疾病、厄运全部离去。这自然与发音“さる”有关，同时又何尝不是古代供猴保马习俗的一种演变呢？

“振叶以寻根，观澜而索源”。本书在论及猴与民俗的关系时，纵向从远古谈到今天，横向又从日本追溯到中国乃至印度。其实，包括猴子传说在内的许多故事均来源于印度，如《猴子的生肝》《龟兔赛跑》等等。但是，每传入一个国家后，内容就会发生一些变化。这是因为，在以口头传播为主的时代，当一国的传说进入另一国后，接受国的传播者及民众一般都要按本民族的生活习俗、审美观和价值取向做一定的改动，只有这样外来故事在接受国才能引起共鸣，才能广为传播，进而获得永久的生命力。

如果把神话、传说看作真实的历史，那当然是荒唐的；但是若把这些看作纯属茶余饭后的虚构，那也是无知的。神话也好，传说也好，可以说都是人们对古老时代的认知和记忆，而文字材料和民俗活动分别是对这种认知和记忆的有形的和无形的传承与记载。

钟敬文在《民俗文化学：梗概与兴起》的自序中说：“广大民众的民风习尚（包括他们的精神产品），是每个民族文化不可缺少的部分，同时也是全人类共有的文化财富（尽管它在形态上是那样的千姿百态）。”猴在几十万年前就出现在日本列岛，随着日本人对自然万物认知水平的不断提高，与众所周知的蛇一样，猴的形象在日本也经历了由圣转凡、由正转负的过程。这在各种文学作品中都有体现，并形成了与中国不同的日本式的“猴文化”。

研究外国民俗和文化，文本解读自是非常关键，但田野踏查也是重要的研究手段。胜广君虽然曾留学日本，但就本课题而言，田野踏查、民间采风略显不足，这也是当下特殊情况导致的无奈之举。希望在今后的这一方面的研究中，尽量创造机会，再度赴日，进行有针对性的实地调查。我完全相信他在该领域的研究会越做越好，期待胜广君有更多的新成果问世。

于长敏

2022年3月于吉大南校家属楼

前　言

日本猴在距今四五十万年前已先于日本人在日本列岛繁衍生息，其与日本人的交点最早可追溯至绳文时代，之后更是以各种形式保持着与日本人的接触。两者的接触史，同时也是日本人观察、认知日本猴并反思自身的过程，在这一过程中形成了日本独有的猴文化，出现了大量丰富的猴形象。似人而又非人的日本猴及其文化形象是深入理解和研究日本人和日本文化的重要镜鉴，猴形象从古到今的转变，展现出日本文化中自我和他者概念的转变过程，从中可以看出日本社会思维结构的变化，因而其研究具有较大的学术价值和现实意义。

针对日本猴形象的研究在中日两国均已有一定积累。中国国内的研究起步较晚，多为单篇论文或曰个案研究，系列论文都很少见。日本的研究也多为具象研究，虽具有较高资料价值，但鲜见深度分析。中日两国的研究目前都未能清晰勾勒出日本猴形象发生、发展、变迁的脉络，都存在缺乏整体观照的问题。本研究是针对日本文化中猴形象的系统深入的整体性研究，可以弥补学界系统性研究阙如之不足，同时与近三十年学界动物转向的大趋势也是契合的。

本研究是综合运用四重证据法和N级编码论解决日本学领域具体问题的大胆尝试。同时结合民俗学的理论，借鉴考古学的研究成果，系统深入地研究日本文化中的猴形象。

除绪论和结论外，本书正文共由六章组成。第一章借鉴考古学的研究成果，通过作为第四重证据的物的叙事和图像叙事去追溯日本猴形象的文化大传统，指出绳文后期出现了对猴的原始生殖崇拜，绳文晚期只有少数人可以佩戴的猴桡骨制耳饰成为身份的象征，体现出猴的特别之处，可以看作对猴的原始崇拜的另一方面。这种崇拜以猴玩具、猴信仰等各种形式传承至后世。

第二章将作为第一重证据的传世文献和作为第二重证据的文字两部分内容合并，梳理日本与猴相关的汉字的演变规律，并对《日本书纪》代表的早期经典文本中的猴书写进行论述。结果发现，日本与猴相关的汉字的演化是日本的“言灵”信仰与中国古代猿猴观共同作用的结果，而《日本书纪》中的猴在出现之初便与天皇的政治活动及神灵祭祀有着密不可分的联系，甚至被抬高到日本皇室祖神使者的地位，在天武天皇时代还被列入禁猎禁食名单，成为政教合一的缩影。

第三章至第四章与口传相关的内容属于第三重证据。第三章分析日本较早被记录下来的口传文学“说话文学”中的猴形象，指出其中的猴的神性逐渐失落，动物性逐渐回归。

第四章以同属口传范畴的“昔话”为文本，基于柳田国男、关敬吾、稻田浩二等代表性研究者编著的“昔话”集，指出其中的猴多为负面形象，但也存在难以界定是正面形象还是负面形象的情况，体现出猴形象的复杂性。

第五章的民俗信仰属于第三重证据中的非物质文化遗产，具体将对属于民俗学中民间医学范畴的民俗医疗，以及厩神信仰、庚申信仰等民俗信仰中的猴进行论述。民俗医疗中的猴浑身是宝；厩神信仰有可能从中国传入，但应该是只传入了猴治马病这一信仰，而舍弃掉了“马上封侯”的寓意；庚申信仰由中国传入日本后，变成了典型的混合型信仰，反映着日本人对多种信仰的糅合，其中的猴作为主尊的侍者出现，是神的使者这一身份的变相体现。

第六章聚焦近现代文学典型文本对猴形象的改编和演绎，重点选取芥川龙之介和椋鸠十两位作家的作品进行分析。芥川作品中的猴延续了日本“昔话”中恶猴的形象，同时与贯穿其晚年作品的“恶”的主题相呼应。作为动物小说家的椋鸠十的作品中则出现更多有关猴的生态叙事，体现出世界形势的影响。

整体而言，日本文化中的猴形象先是经历了绳文时代的独立发展，定下特别甚至神秘的基调，而后在汉字编码、厩神信仰、庚申信仰等方面受到中国等外来文化的影响，同时却呈现出与中国不尽相同的发展。另一方面，口传文艺中的日本猴多为负面或“恶”的形象，或者是由圣转凡、由正转负的转折点。此外，日本近代文学作品中出现较多且较典型的猴基本延续了猴跌落神坛后的负面形象，而现代文学中出现较多且较典型的猴形象之所以向正面转化，是因为受到了世界范围内动物保护主义的影响。本书通过对日本文化中猴形象变迁路径的梳理和论述，为日本吸收外来文化时的特征提供了新的例证和阐释，同时也体现出猴形象在日本文化研究中的重要位相。

作者　孙胜广

2022年3月

目 录

绪 论

研究背景与意义

在诸多动物中，作为非人灵长类，似人而又非人的猴可以说是一种特别的存在，而猴与人的关系多以猴文化的形式体现出来。当然，猴文化并不是猴的文化，而是反映人对猴如何认知的文化。《西游记》主角孙悟空背后的中国猴文化、猴神哈努曼代表的印度猴文化都可谓闻名遐迩。相较之下，日本猴文化似乎名不见经传。

笔者对猴文化或猴形象的关注并非一时跟风，而是由来已久。笔者幼时便喜爱《西游记》，尤其钟爱其中的孙悟空，折服于其光辉形象。大学时代电子词典还远未普及，由于日语学习的需要，总会查阅纸质辞典。一日习惯性地翻看辞典，无意中发现日语谚语中的猴子多为负面形象[①]，由此产生了一系列“打破砂锅璺到底”的想法：自己的这一发现是否真的正确？日本还有没有别的猴形象？整个日本文化中的猴形象是怎样的？这便是笔者研究日本文化中的猴形象的虽朴素却真实的契机，或者说是一种朴素的问题意识。

当然，真要作为课题来研究时，就有许多准备工作要做，把握研究现状便是其中之一。这里的研究现状，既包括学术研究的大趋势，又可指具体的先行研究成果。从学术研究的大趋势来看，近三十年来动物史研究逐渐兴起，被称为“动物转向”，这种转向出现在史学、文学、人类学、宗教学等多个学科，在欧美学界甚至已成为显学[②]。笔者无意追赶热点，但与学界研究的大趋

① 相关谚语等见附表。

② 参考陈怀宇.历史学的“动物转向”与“后人类史学”［J］.史学集刊，2019（1）：59-64；陈怀宇.动物史的起源与目标［J］.史学月刊，2019（3）：115-121.

势偶合正说明本研究的可行性。

这种趋势反映的是对长期以来的人类中心主义的反思以及对所谓“他者”的更多关注。人类用来指称自己的“高等动物”“万物灵长”等词汇似乎显示出自身与其他动物的不同，然而，尤瓦尔·赫拉利在其《人类简史》中称：“科学家认为，决定人类行为的不是什么自由意志，而是荷尔蒙、基因和神经突触——我们和黑猩猩、狼和蚂蚁并无不同。”[①]那么，作为人类社会生活关键词的“文化”又能否凸显出人类的与众不同呢？“高等动物”有文化，其他动物有没有文化？“万物灵长”有文化，其他灵长类有没有文化？这里的“其他”暗示出人或有意或无意地把人以外的动物视作“他者”。“他者”往往相对于“自我”而言。借用乔纳森·卡勒的话，将动物描写为他者一直以来都有助于对人类的界定[②]。从某种意义上说，人类所主张的“文化”，是一种人类中心主义的“人化”。换言之，非人者都没有“文化”。实质上人以外的动物可能也有自己的文化，只不过不符合人类的标准而已，或许可以称为“动物化”。笔者无意主张人以外的动物一定有文化，而是想从一个侧面尝试探究人类文化视角下的动物是一种怎样的存在，日本人眼中的猴是一种什么样的形象，即人是怎样认识动物的，日本人是如何看待猴的。从终极意义上说，人对动物的这种认识或定位反映的还是人自身的某些观念，日本人对猴的认知表现的是日本人的思维方式或曰文化心理。尤其当认识的对象或定位的目标是似人而又非人的猴时，作为观察者的人的所思所想同时也成为被认识、被观察的对象，这与人文研究、文化研究的初衷即人的研究应该是一致的。换言之，似人而又非人的日本猴及其文化形象是深入理解和研究日本人和日本文化的重要镜鉴，其研究具有较大的学术价值和现实意义。

研究现状

关于日本猴文化，国内外已有一定的研究积累，以下对其现状进行概述。由于研究对象为日本文化中的猴形象，因此采取由国外至国内的论述顺序。另

① 尤瓦尔·赫拉利.人类简史：从动物到上帝[M].林俊宏，译.北京：中信出版社，2017：220.

② 乔纳森·卡勒.当今的文学理论[J].生安锋，译.外国文学评论，2012（4）：55.

外需要说明的是，为行文方便起见，中国国内学者用外语发表在国外的论著，视为国外研究；而国外学者用中文发表在中国国内的成果，视为国内研究。

一、日本/国外的日本猴文化研究

日本民俗学家、博物学家南方熊楠在其《十二支考》[①]中对猴有过专文论述。南方的论述不仅限于日本，而是广泛涉及世界范围内与猴有关的民俗和传说，其论述具有较高的资料价值。

广濑镇有多部关于日本猴文化的专著，其代表作有二：一是1979年出版的《猴》[②]，二是1989年问世的《猴与日本人》[③]。前一部著作从狩猎、民俗、工艺美术、艺能、生活等方面对日本猴文化进行了初步探讨。相较之下，后一部著作的内容明显更加丰富，结构也更为清晰：该著作以猴与日本人的关系，尤其是与日本精神文化史的关联为主线，内容涉及庚申信仰、厩神信仰、通灵能力、口传文艺、艺能祭祀、日常生活用具、猴画等。换言之，这些属于与本书主要方法论即四重证据法中的第三和第四重证据，只不过广濑的研究偏于介绍，并没有从理论的角度做深入总结。

大贯惠美子在承认历史和文化的复杂性和多样性的前提下，从历史人类学和象征人类学的视角，对猴与日本文化关系的历史变迁进行了梳理，进而指出猴在历史上一直是日本文化的重要而又复杂的隐喻：最初由于其与人的相似性，被视作神与人之间的中介；之后同样由于与人相似，猴被认为淡化了人与猴之间的界限，威胁到了人的地位，于是人开始将自身的黑暗面投射到猴身上，将猴作为自己的替罪羊，实现自身的净化，同时再次明确了人与猴之间的界限。大贯进一步指出，通过猴这一他者的文化意义在日本历史上的变迁，可以反观日本人是如何思考自身的，因为自身一定是在与他者的关系这一框架中被考察进而体现出其存在意义的[④]。

上岛亮从庚申信仰中的猴和民间猴文化两个角度，对日本猴文化进行了概

① 南方熊楠.南方熊楠全集1　十二支考［M］.東京：平凡社，1971.

② 廣瀬鎮.ものと人間の文化史34　猿［M］.東京：法政大学出版局，1979.

③ 広瀬鎮.猿と日本人　心に生きる猿たち［M］.東京：第一書房，1989.

④ 大貫恵美子.日本文化と猿［M］.東京：平凡社，1995.

览，此外还涉及了中国、印度等世界范围内的猴文化[①]。仅就其对日本猴文化的整理、总结而言，其分类标准不明确，“庚申信仰”和“民间”在概念上存在交叉，且内容多为概括性介绍，虽具有较高的资料价值，但深度分析不足。

筒井功对日本要猴的起源、要猴在古代和中世资料中的反映、战国时代地方领主与要猴人、近世要猴人的身份与生活、现代要猴的消失和复兴等内容进行了梳理，勾勒出了日本要猴的大致脉络[②]。

滨田阳对十二支即地支对应的十二种动物进行了系列研究，其研究成果汇总为《日本十二支考》[③]。关于猴，滨田首先论及其在“庚申待”即庚申信仰中的功能及与三尸虫的对照关系；其次指出日本猴的生存环境让日本人对其既感到亲切，又存在敬畏；之后，基于对中国古代崇猿贬猴观念的准确把握，指出从8世纪《风土记》中的“猿”“猴”二字并用，到10世纪《倭名类聚抄》中的“猿”字独占鳌头，表述日本猴的汉字的变化过程体现出日本人独特的语言感觉，认为以“猿”字指代猴并非误用，而是一种富有创造性的表达方式。应该说，滨田对中国古代猿猴观有着较充分的了解。然而，他将日本以“猿”指代猴的原因仅仅归结为日本人出色的语感，这一点主观色彩过于强烈，让人颇难苟同。如第二章所述，笔者认为，“猿”成为指代日本猴的主要甚至唯一汉字，与日本古代的“言灵”信仰有着密不可分的关系，是该信仰与猴在日本古代的地位，以及中国古代猿猴观共同作用的结果。此外，由于要兼顾十二地支篇幅的平衡，滨田对日本猴文化未能进行更详尽的论述，这也为后学展开进一步研究提供了空间。

马场俊臣将日本有关猴的谚语分为智慧、外观、行为、与其他动物相宜与否等类别，然后借助大量动物行为研究成果说明其背后的原因[④]，但缺乏文化方面的阐释，整体上偏重资料整理，而研究结论不甚明确。

综上，日本方面，论述对象为世界猴文化且兼及日本猴文化的有南方熊

① 上島亮.驚きの猿文化　～世界の猿文化紀行～[M].津：三重大学出版社，2007.

② 筒井功.猿まわし　被差別の民俗学[M].東京：河出書房新社，2013.

③ 濱田陽.日本十二支考　文化の時空を生きる[M].東京：中央公論新社，2017.

④ 馬場俊臣.「猿」に関することわざ——「猿」をどう捉えてきたか——[J].札幌国語研究，2017，22：11-22.

楠和上岛亮，两者都具有较高的资料价值。对象限定为日本猴文化的研究中，有民俗学的研究，如广濑镇，也有人类学的研究，如大贯惠美子，两者都探讨了猴与日本人或日本文化的关联；滨田阳的研究属于其十二地支系列研究的一环，涉及庚申信仰中的猴，日本人对猴既亲切又敬畏的复杂情感，以及日本人倾向用“猿”而不是“猴”字来表示日本猴的原因，其中固然提到中国古代猿猴观的影响，但滨田认为日本人出色的语感发挥了更重要的作用。整体来看，在日本有关猴文化的先行研究中，具象研究占绝大多数，资料价值较高，但缺乏对猴文化整体的深度探讨。相较之下，大贯惠美子的研究算是理论根基更为明确、内容更成系统、思想更具深度的。这与其长期浸润在理论氛围较浓厚的美国学界可能不无关系。

二、国内的日本猴文化研究

20世纪末至今，国内对日本猴文化的研究总体呈现发展之势，虽体量不大，但研究视角多样。不同领域的研究者从人类学、文学、语言学、民俗学等角度开展研究，从多个侧面阐释日本猴文化内涵，发表了许多有益的前期成果。然而，必须指出的是，在日本文化研究领域，猴文化研究在数量和质量上尚存巨大的研究空间，并且系统性研究阙如。本书将目前国内日本猴文化研究成果中较有代表性的成果综述如下。

（一）基于人类学视角的研究

张沐阳以著名人类学家大贯惠美子着重体现“物”的象征意义的四部著作为依据，梳理了大贯的历史象征主义[①]。通过分析大贯的著作《猴子作为镜子：日本历史与神话中的象征性转变》（*Monkey as Mirror: Symbolic Transformations in Japanese History and Ritual*），指出大贯在这本书中更深层次地理解了猴了象征意义的变化及与社会背景之间的逻辑关系。书中写道，在古代日本，因为“比克猿”[②]与太阳女神的神话故事以及作为山神的使者的传说，猴被认为具有神圣性。之后，受猴子是“少三部分毛发的人”这句传言的

① 张沐阳.猴子、大米与樱花——关于大贯惠美子的历史象征主义［J］.原生态民族文化学刊，2019，11（4）：113-118.

② 应指猿田彦，此处音译似不妥。

影响，猴子被认为试图打破人与动物的边界，被认为是人的“替身”而遭到歧视，代表了不受欢迎的人。在当代，猴子一方面作为日本“现代”和“进步”的代表出现在旅游纪念品上，另一方面出于满足人高于动物的心理设想，以及回应当时日本社会分层中的原则，猴戏从中世纪的祛除人身上不祥之气的仪式性表演变为小丑表演。猴形象从古到今的转变，展现出日本文化中自我和他者概念的转变过程，从中可以看出日本社会思维结构的变化。张沐阳评论说，这本书中，大贯对于猴象征意义的变化的论述具有浓厚的历史人类学色彩，偏重于史料收集和叙述。大贯将结构主义分析与日本民间传说和文化分析相结合的尝试得到了学术界的认可。大贯强调历史过程中社会环境动态变化对猴象征意义变迁的影响。

（二）基于文学、语言学视角的研究

1. 民间文学

左江对中日韩三国的龟猴题材民间故事进行了细致的考察，指出日本学者关敬吾所著《日本昔话大成》中将这一故事类型命名为“猴的生肝”，关敬吾总结了该故事在日本的数十个版本的共性，比较全面地考察了其在日本的分布。左江认为中日韩的此类作品来源是以《生经》和《六度集经》为代表的本生故事和以《佛本行集经》为代表的佛传故事的糅合，同时提出日韩作品的来源除了汉译佛经，还有中国的民间传说[①]。该文将龟猴题材民间故事置于东北亚文化环境中考察是其创新之处，但对故事主题的差异和变化原因没能进一步阐明。蔡春华列出日本民间故事猴蟹大战的两个版本，认为因食物起纷争的猴子具有不爱劳动却坐享其成和自私自利的负面形象，因而受到了螃蟹的惩罚，称猴蟹大战故事兼具解释和教育两种功能[②]。赵静分析了《日本昔话大成》中的猴故事，将猴形象分为贪婪型、懒惰型、伪善型、愚钝型四种类型，分别介绍了各类型故事的梗概，指出日本对猴的态度存在矛盾心理，既否定猴的智力和行为，又存在奉其为神灵使者的民俗信仰[③]。崔莉、梁青以丁乃通的《中国民间故事类型索引》和日本柳田国男的《日本的昔话》中的猴故事为分析对

① 左江.对中韩日三国龟猴题材民间故事的再考察［J］.民族文学研究，2005（2）：69-75.

② 蔡春华.民间故事中的日本——说说桃太郎和蟹猴大战［N］.中华读书报，2007-4-4（18）.

③ 赵静.日本民间故事猴形象考察［J］.长江大学学报（社会科学版），2012，35（5）：6-7.

象，认为中国猴故事几乎一边倒地贬低猴子，如性子急、不老实、愚蠢、盲目模仿、自作聪明等形象；日本的猴形象毁誉参半，负面评价表现为愚蠢、自作聪明，正面评价则体现在报恩、机智等方面[①]。该论文从中日指称猴的文字和猴的生物特征、中日对人与自然关系的认知、外来文化（印度文化）的影响三方面分析了中日猴形象差异产生的原因。赵旭以关敬吾《日本昔话大成》中的"猴女婿"故事为对象，认为猴与人的婚姻属于日本民间故事中的"异类婚姻"，而且这时往往猴不变身为人，而是以猴的形象出现，这显然有悖人类婚姻的正常形态。这里的猴是 "异人"，而人对"异人"怀有恐惧和排斥心理，更不能接受长期在"异人"世界的生活，所以"猴女婿"故事中，人要在婚礼或省亲途中将猴除之而后快[②]。

2. 作家文学

作家文学方面，有研究者将芥川龙之介小说《地狱变》中的小猴良秀和画师良秀进行比较，认为芥川借助小猴展现人性的一面，而画师良秀则作为崇尚艺术至上的理性的化身而出现[③]。姚岚指出，芥川喜欢在作品中借助猴表现人类丑恶的一面，如在《猴子》《罗生门》《春天》《假面丑八怪》以及改编童话《猴蟹大战》《桃太郎》里，芥川都将令人厌恶的形象比作猴子[④]。孙鸿燕讨论了猴子良秀和孙悟空的形象在猴性和人性上的异同，指出二者均具有顽劣、模仿等猴子的天性，猴子良秀的人性是通过偏离猴的生物性体现出来的人所具有的美德，这种人性的表现，既补充了画师缺失的人性，又突显了画师女儿的善良；由于作品篇幅和猴子角色设置的不同，猴子良秀的猴性和人性的表现均不如孙悟空丰富饱满，但二者在从顽劣的猴转变为带有人性的善猴方面具

① 崔莉，梁青.中日两国猴形象初探——从民间文化角度看中日两国的猴子形象［J］.湖北第二师范学院学报，2014，31（9）：4-8.

② 赵旭.关于日本民间故事中"猴女婿"的研究——以人物形象及其文化阐释为中心［D］.长春：长春工业大学，2019.

③ 周桦薇.悲剧？喜剧？——关于《地狱变》［J］.东京文学，2008（5）：32-34；
张修远.论《地狱变》中猴子良秀与画师良秀的相似性与对立性［J］.发现，2018（3）：158，160.

④ 姚岚.《地狱变》中芥川解剖人性的"手术刀"［J］.时代文学，2009（20）：79.

有相似之处[①]。

陈舒解读了村上春树的《品川猴》，认为被拟人化的品川猴是村上创造出来的披着“猴”外衣的“他人”形象，作为凌驾于现实之上的存在，品川猴象征了可以直面“心底的黑洞”并与“黑洞”抗争且战而胜之的契机[②]。

张婷婷以中日儿童文学中的猴形象为研究对象，先是分析了人教版小学语文教材中的《小猴子下山》和《中国儿童文学作品选》中的《猴子磨刀》两篇故事，认为中国儿童文学中的猴子多倾向于负面形象，其原因在于中国人自认为是世界的主体，而猴是客体，是他者，因而在评价与人相似的猴时，放大了猴的缺点。在分析日本作家椋鸠十的《岩洞里的猴子》《矮猴兄弟》以及芥川龙之介的《猴蟹大战》之后，张婷婷得出猴形象在日本毁誉参半的结论，认为日本对自然有更高的依存度，人与自然融为一体的思想使得儿童文学中猴的自然属性被刻画出来，而不是单纯从猴与人的差距上去评判它[③]。

3. 中外语料比较

朱银花[④]统计了猴在中日韩三国谚语中出现的频率，从文献、考古、民俗等方面略举一两例，用以说明由于自古以来猴在日本生存，日本人对猴的习性等方面观察研究已久，为日本人所熟知，因此日语中与猴相关的谚语很多。就十二支动物在日语谚语中的出现频率而言，猴在马、狗、牛之后，排在第四位。据此，朱银花认为动物在语言中出现的频率，受动物与人的接触时间长短、与人的生活联系是否紧密等因素的影响。徐微洁[⑤]将汉日猴形象特征总结为“部分对等”，即中日两国都认为猴子聪明、善于模仿，并且在语言中有关猴的习语和惯用表达都含贬义；中国因猴与“侯”相近、日本因猿与“缘”读音相同，猴子形象被认为是吉利的；此外，猴在日本民间还被奉为山

① 孙鸿燕.芥川龙之介笔下的猴子良秀与孙悟空之比较［J］.长江大学学报（社科版），2015，38（8）：29-31.

② 陈舒.解析村上春树《品川猴》——以小说关键词为中心［J］.青年文学家，2018（30）：134-135.

③ 张婷婷.从儿童文学中的动物形象看中日两国的儿童教育观［J］.东北亚外语研究，2018（4）：90-97.

④ 朱银花.中日韩动物谚语素材的比较［J］.剑南文学（经典教苑），2011（10）：361.

⑤ 徐微洁.汉日动物形象特征比较研究——以十二生肖动物为视角［J］.浙江师范大学学报（社会科学版），2011，36（5）：111-114.

神、水神、马的守护神和顺产之神。刘育涛[①]将《史记·项羽本纪》《敦煌变文集·维摩诘经讲经文》《庄子·齐物论》《官场现形记》《谈薮·曹咏妻》《儒林外史》《法苑珠林·愚戆篇·杂痴部》等中国古代典籍中有关猴的词汇、成语、谚语和日语中的同类相比较，分析隐含在与猴相关的词汇中的文化意象，探讨了中日猴文化的异同，并从价值观、思维方式、审美情趣等方面分析了差异产生的原因。

（三）基于民俗学视角的研究

上岛亮[②]认为日本的猴文化大部分是外来文化，纯粹起源于日本的极少。他倾向于认为猴文化的摇篮在敦煌，并试图找出敦煌壁画上的猴与日本猴的关联。上岛亮指出，莫高窟中可见相当于日本古坟时代制作的猴子壁画，部分猴子的壁画与日本大津绘上的猴子很相似。上岛亮还介绍了十余种日本民间猴玩具，称其为“生动而活泼的猴”，指出传统猴玩具的分布与日本野生猴的地理分布息息相关，在民间，猴玩具不仅曾是儿童娱乐的手段，还被认为具有除灾祛病的作用[③]。山泰幸关注当时日本全国可见的利用当地民间传说振兴社区的做法，以日本四国地区德岛县鸣门市的此类活动为例，分析当地治猴传说和猴子危害问题的关系，旨在确立从“自然环境”考察民间故事的民俗学研究新视角[④]。张鹏等谈及日本传统猴戏曾因与现代社会认识相悖，于20世纪60年代销声匿迹，后因驯猴人改善了驯养方法和表现形式，于80年代复兴，现已成为日本人了解猴的重要媒介[⑤]。

王秀文将日本民间的猴信仰置于日本的万物有灵论与外来的佛教、道教相融合的过程中进行考察，指出一方面在日神崇拜和山神崇拜的日本人眼中，随着太阳升起而欢叫嬉戏的山里猴子，必然成为山岳之精、太阳神的使者，这便是日吉大社将猴作为神的使者的原因；另一方面日本的猴信仰与中国不无

---

① 刘育涛.中日猴文化意象对比研究[D]. 西安：西北大学，2014.

② 上岛亮.敦煌的猴子[J].敦煌研究，1997(4)：20-25.

③ 上岛亮.日本民间猴玩具[J].东南文化，2002(4)：82-91.

④ 山泰幸.民间传说与自然环境——治猿传说及猴子危害问题[A].2007年自然环境与民俗地理学中日国际学术研讨会[C].2007：385-393.

⑤ 张鹏，胡凯津，万晨玲.中国人与猿猴[N].中国科学报，2016-2-5(3).

关系，中国有关申和猴的认知以及道教的庚申信仰传到了日本并产生了较大影响。王秀文认同日本民俗学家吉野裕子基于对《淮南子·天文训》中“火生于寅，壮于午，死于戌；水生于申，壮于子，死于辰”的分析结论，认为申（猴）对午（马）有抑制作用，以此为民间的厩神信仰寻找依据。此外，道教的庚申信仰传到日本以后，渐渐与佛教、“日吉山王”信仰和神道的“猿田彦”融合，将猴看作庚申的使者，于是有了寓意“三尸虫”的“不看，不说，不听”三只猴的绘画和浮雕。论文分析了日本猴传说中的猴形象，还指出日本的猴信仰在民间产生了多种多样的猴崇拜和猴禁忌，例如出于敬畏心理在多种场合语言和行为上的禁忌，将猴信仰和女性孕育生产、幼儿平安联系起来，将猴视为良药等[①]。

由上可知，国内对日本猴文化的研究横跨人类学、文学、语言学、民俗学等多个学科领域，内容也各有侧重，形成了一定程度的前期积累。但起步较晚，单篇论文或曰个案研究较多，系列论文都很少见，更鲜见具有整体观的系统性的研究，因而不能窥得日本猴文化的发展脉络乃至清晰的全貌，这也是不容置疑的事实。

不得不说，中日两国的研究目前都未能清晰勾勒出日本猴形象发生、发展、变迁的脉络，都存在缺乏整体观照的问题。本研究是针对日本文化中猴形象的系统深入的整体性研究，可以弥补学界系统性研究阙如之不足，这也是本书的又一价值所在。

研究方法与思路

在探讨适合本选题的研究方法时，重点遵循的原则是：尽量避免人类中心主义、文字中心主义和非此即彼的二元对立论，尽量迫近日本猴的本相及其文化传统。为此，就需要构建尽量完整的证据链。

对人类中心主义，在研究背景与意义处已有所涉及，此处不再赘述。对文字中心主义的弊害，先哲也已有所言及。《孟子·尽心章句下》曰：“尽

① 王秀文.日本民俗中的“猴”信仰及其传承[J].大连大学学报，2016，37(4)：86-92.

信书，则不如无书。”这里的“书”，原义指《尚书》，后引申为书籍。可以说，孟子当时已经认识到了唯文字文本是从的弊端。考虑到《尚书》的权威地位，孟子的发声无疑是极为难能可贵的。类似地，鲁迅也有“人生识字糊涂始”的说法。另外，文字书写的霸权作用在“历史是任人打扮的小姑娘”这种说法中也体现得颇为到位。因为写什么、不写什么直接决定了历史在世人面前呈现的面貌。对于不掌握文字书写决定权甚至不识字的人类弱势群体和人以外的动物而言，这无疑是极不公平的。正如埃里克·沃尔夫在其《欧洲与没有历史的人民》中所说的：“我们再也不能满足于只书写一种‘胜者为王’的历史，或者只满足于书写被支配族群的屈服史了。”①笔者无意否定文字在人类文明传承和发展过程中的重大作用，只是考虑到先贤的谆谆告诫，希望能尽量呈现出研究对象的完整面相，进而做出相对客观的分析和评价。

就本研究而言，日本猴早在距今约四五十万年前就已先于日本人生活在日本列岛，而绳文人距今不过一万余年，一般认为日本民族自5世纪左右开始使用汉字，成规模的正式使用更是要等到7世纪左右。因此，如果唯文本马首是瞻，仅凭7世纪以后的文字记载来研究日本文化中的猴形象，绳文人对日本猴的认知等因素就会被排除在研究对象之外，这毫无疑问是失之偏颇的。

正是基于以上考虑，经多方查阅资料，笔者最终决定将可以最大限度规避人类中心主义、文字中心主义和二元对立论的“四重证据法”作为本研究的方法论之一。“四重证据法”是中国文学人类学理论建构的重要尝试，由叶舒宪于2005年提出。其中一重证据指传世文献，二重证据指出土文献和文字，三重证据指人类学的口传文化与非物质文化遗产方面，包括民俗学的民族学的大量参照材料，四重证据指图像和实物，用叙事学的话语来说，就是图像叙事和物的叙事②。

这一理论并非是凭空提出的，而是发生在近现代人文学术转型的大语境下，吸收了西方的神话批评和类比思维等理论的长处，同时更有着深厚的本土根基和学术积累。首先是王国维提出了“二重证据法”，把甲骨文提到和六

① 埃里克·沃尔夫.欧洲与没有历史的人民［M］.赵丙祥，刘传珠，杨玉静，译.上海：上海人民出版社，2006：2.

② 叶舒宪.物的叙事：中华文明探源的四重证据法［J］.兰州大学学报（社会科学版），2010，38（6）：1-8.

经同等重要的地位。对此，傅斯年认为尚缺乏“整个的东西”即整体观，提倡“上穷碧落下黄泉，动手动脚找东西”。其后，饶宗颐和叶舒宪分别从考古学和人类学的角度提出了“第三重证据”，前者在文献记载和甲骨文的基础上加上了田野考古，后者的“第三重证据”则是指民间地方的口传叙事和仪式礼俗等人类学资源。2004年，叶舒宪又提出“第四重证据”，即考古发掘或传世的古代文物及其图像，换言之即“物的叙事”和“图像叙事”。

叶氏的理论探索并未就此止步，他在2012年又提出了N级编码论，从符号和历史的角度重新审视中国文化传统，把汉字诞生前的考古发现的实物和图像看作一级编码，把汉字看作二级编码，把古代经典看作三级编码，把对经典的不断演绎作为第四级乃至第N级编码，从而从文字书写的“小传统”走向文化文本的“大传统”，为文化表述提供了新的更大的可能性。

大传统和小传统原本是美国人类学家罗伯特·雷德菲尔德1956年提出的一对概念，分别指代精英文化传统和大众文化传统。在两者边界渐趋模糊、文化发展日益多元的形势下，叶舒宪按照符号学的分类指标，本着规避文字书写霸权的原则，对这一对概念进行了再阐释：将由文字编码的书写传统称为小传统，把文字之前或之外的文化传统视作大传统，意在透过文字小传统的习惯性遮蔽，洞悉文化大传统的原型编码作用[①]。其中，大传统的表现形式“既可以是文物，也可以是自古传承下来的民俗礼仪活动”[②]，小传统则指文字和用文字书写的作品。

可以看出，四重证据法与经叶氏重新阐释的大小传统论和N级编码论是一脉相承、互通有无的。四重证据法的证据链更为完整，大小传统论更为简洁明了，N级编码的时间顺序更为清晰。考虑到N级编码论并未着重提及口传和非物质文化遗产，而四重证据法和大小传统论虽基本对应，但前者的具体可操作性要优于后者，因此，本研究将选择三者中的四重证据法和N级编码论作为主要方法论依据，意在取前者的全面性和后者的历时性这两点长处。当然，在具体行文中为方便起见也不排除偶尔使用与大小传统论相关的表述。

① 叶舒宪，章米力，柳倩月.文化符号学：大小传统新视野［M］.西安：陕西师范大学出版总社有限公司，2013：21.

② 同①，21页.

“四重证据法”相关方法论提出十余年来，已出现了较丰富的相关研究成果，引起了学界的广泛关注。但就笔者管见所及，在日本学研究领域的使用尚属少见。因此本书是综合运用文学人类学的四重证据法和N级编码论对日本文化中的猴形象这一可能反映日本文化特质的日本学领域具体问题进行研究的大胆尝试。需要指出的是，本书以“四重证据法”作为主要方法论，并不是为了得风气之先或曰赶学术之时髦，而是考虑到该方法论的跨学科性、作为证据链的完整性，以及对文字书写霸权的规避作用。该方法论的这些优点使其适用范围无形中得以扩大。

在具体运用该方法论时，本书并不是原样照搬，而是结合日本文化的实际情况进行一定程度的改编，进而提高其适用性。例如，考虑到日本并没有比汉字更古老的类似甲骨文的出土文献和文字这一实际情况，本书会将一重证据和二重证据合并，从传世文献和日语中的各种表记文字的角度展开论述。考虑到早期经典的巨大辐射作用，传世文献将以早期经典文本为主，同时兼及后世影响较大的对早期经典的改编或演绎。在四重证据法之外，本研究还将根据具体情况，结合民俗学的理论，借鉴考古学的研究成果，系统深入地研究日本文化中的猴形象。

在具体篇章设计上，绪论简述研究对象概况，介绍研究背景，综述先行研究，提出研究思路与方法。第一章借鉴考古学的研究成果，通过作为第四重证据的物的叙事和图像叙事去追溯日本猴形象的文化大传统，迫近日本猴形象的文化原型密码。第二章将作为第一重证据的传世文献和作为第二重证据的出土文献和文字两部分内容合并，梳理日本与猴相关的汉字的演变规律，并对以《日本书纪》为代表的早期经典文本中的猴书写进行论述。

第三章至第四章与口传相关的内容属于第三重证据。这里的口传主要指民间口头文学，包括“说话文学”和“昔话”[①]。第三章分析日本上古至中世期间被记录下来的口传文学“说话文学”，透视其中的猴形象。第四章以同属口传范畴的“昔话”为文本，基于柳田国男、关敬吾、稻田浩二等代表性研究者编著的“昔话”集，总结其中猴形象的特征。

---

① “说话文学”与中国的话本类似，“昔话”与中国的民间故事相仿。考虑到中文中没有与日本的这两个概念完全对应的词汇，为方便起见，本书中权且借用日文原词。

第五章的民俗信仰属于第三重证据中的非物质文化遗产，具体将对属于民俗学中民间医学范畴的民俗医疗，以及厩神信仰、庚申信仰等民俗信仰中的猴进行论述。

第六章聚焦近现代文学中出现较多且较经典的对猴形象的改编和演绎，关注其发展或变迁的特征。

结论部分通观全篇，在总结各章内容的基础上试图梳理出日本猴形象发生、发展、演变的整体脉络，并展望今后的研究课题。

第一章　物与图像：日本猴形象的文化大传统

N级编码论的重点在于“通过编码分级，确定原型编码，即进入大传统的由物的叙事和图像叙事为代码的原型编码”，而原型编码“在文化意义生成上具有基础性符号的地位”①。解锁了原型编码，就意味着进入了文化大传统，即找到了文化产生的源头。

本章将借鉴考古学的研究成果，通过考古发现的实物和图像探寻日本猴形象产生的文化大传统，一窥其在现代的传承形态。

第一节　从狩猎对象到崇拜对象、身份象征

考古研究认为，日本猴早在距今约四五十万年前就已先于日本人居住在日本列岛。神奈川县小田原市绳文前期中叶羽根尾贝冢曾出土395块猴骨，这些猴骨雌雄混杂，年龄层跨度也较大，据设乐博己推测，应是群体狩猎的结果②。这说明绳文时代前期的日本人将猴当作狩猎和食用的对象。

到了绳文后期，仍可见猎食猴的情况，但同时也出现了一些变化。考古发现青森县南部町下比良遗迹出土的绳文后期猴面坐产土偶与同样出自青森县的表现孕妇分娩的绳文后期弯曲土偶生产时的用力方式等形态极为相似（见图1.1）。

① 叶舒宪，章米力，柳倩月.文化符号学：大小传统新视野［M］.西安：陕西师范大学出版总社有限公司，2013：295.

② 設楽博己.十二支になった動物たちの考古学［M］.東京：新泉社，2015：125.

图1.1　猴面坐产土偶（左）与弯曲土偶（右）[①]

列维-布留尔指出，“原始人，甚至已经相当发达但仍保留着或多或少原始的思维方式的社会的成员们，认为美术像，不论是画像、雕像或者塑像，都与被造型的个体一样是实在的”[②]，“肖像能够占有原型的地位并占有它的属性”[③]。据此推测，绳文人制作猴面坐产土偶的目的是希望具备像猴那样的繁殖能力。此说并非空穴来风，而是有证据支撑的：日本动物生态学家宫地传三郎称，猴的产仔“或每年，或三年两次，或隔年，上年纪的猴子的产仔时间间隔有变长的倾向，但有生之年会一直产仔。对很多野生动物而言，繁殖能力的终结意味着死亡”[④]。猴的繁殖能力之强由此可见一斑。人类孕妇的分娩在医学高度发达的现代尚且伴随着或多或少的风险，遑论绳文时代。可以认为，绳文人对猴在这方面的优势已经有所认识，因而将其做成土偶，意在祈祷安产、多产。换言之，这是一种以猴为对象的原始生殖崇拜，猴面坐产土偶及作为其原型的日本猴在此发挥着安产保护神的作用。类似地，日本以前会用猴子的左手抚摸孕妇的肚子，以求平安生产[⑤]。时至今日，日本各地的山王神社依然可

① 引自設楽博己.十二支になった動物たちの考古学［M］.東京：新泉社，2015：123.

② 列维-布留尔.原始思维［M］.丁由，译.北京：商务印书馆，1981：42.

③ 列维-布留尔.原始思维［M］.丁由，译.北京：商务印书馆，1981：44.

④ 宮地伝三郎.サルの話［M］.東京：岩波新書，1966：99.

⑤ 三戸幸久.サルとバナナ［M］.秦野：東海大学出版会，2004：130.

以看到被认为能够保佑平安分娩的猴的塑像，一些地区还悬挂着祈愿孕妇平安分娩和孩子健康成长的布猴。对此，本章第二节将会另行论述。

设乐博己的调查和研究显示，爱知县田原市伊川津贝冢、吉胡贝冢、保美贝冢，福岛县新地町三贯地贝冢，以及岩手县宫古市蝦夷森贝冢等处均出土有用猴的桡骨制成的绳文晚期饰品，其中伊川津贝冢和吉胡贝冢各有两件是耳饰，而相较这些贝冢出土人骨的规模，猴桡骨制耳饰（见图1.2）佩戴者属于凤毛麟角，在这凤毛麟角之中，又有一部分人的牙齿属于叉状研齿。①显然，这种用特定动物特定部位骨头制成的耳饰的佩戴者肯定具有特别之处，其中有叉状研齿者更是如此。

图1.2　猴桡骨制耳饰②

叉状研齿一般是指绳文时代晚期将4颗上颚切齿研磨为叉状的做法，而且往往伴随着拔牙。拔牙的风习本身在绳文时代晚期并不罕见，甚至可以说是相当普遍的做法，世界上许多原始部族的成年礼中也都包括敲掉牙齿这一宗教仪式。相较之下，将牙齿研磨成叉状的就极为稀少了。铃木尚认为其“出现率不超过总人口的2%～3%，因此被看作某种特殊社会地位的象征”③。正如列维-布留尔所说，一般的成年礼是一切人必须遵行的，具有比较公开的性质，而巫师、巫医的成年礼只适用于某些有“使命”的人物，是他们在一般的成年礼之外必须接受的考验。如果说拔牙是绳文晚期一般人的成年礼，那么，猴桡骨制耳饰和叉状研齿就是其佩戴者或持有者的成年礼。他们应该属于特殊的阶级

① 設楽博己.十二支になった動物たちの考古学［M］.東京：新泉社，2015：125-126.

② 引自設楽博己.十二支になった動物たちの考古学［M］.東京：新泉社，2015：126.

③ 鈴木尚.斗争により損傷された3個の古人骨［J］.人類学雑誌，1975（3）：272.

或种族，或从事特殊的职业，具有特殊的身份，而这种身份很可能是巫师。正如衣服除了具有最基本的御寒、遮羞等功能，还是身份的重要指示符号，猴桡骨制耳饰和叉状研齿同样充当了这样的符号。可以说，这是一种原始的身份象征，这种象征也将猴与其他动物区别开来，显示出其特别甚至神秘之处。可以说，这也是日本人原始猴崇拜的体现。

第二节 民间猴玩具中的文化传承

在现代化机械批量生产的玩具普及之前，手工制作的民间玩具是玩具的常态。唯其如此，作为民间游戏娱乐的主要媒介，民间玩具也寄托了祖辈父辈对儿童的期望，对儿童或儿童期乡民的身心成长具有重大作用，成为联系亲子或乡民的重要纽带，反映着时代的风貌、民间的信仰和民族的文化。正如民间玩具的日语说法“郷土玩具”所展示的那样，这些玩具有着浓郁的地方乡土特色，因而也最能反映其中的文化传承。

上岛亮曾专门撰文介绍日本民间的猴玩具[①]。据笔者统计，其中提及35种猴玩具。当然，严格来讲，猩猩面具（序号23）中的猩猩和猴头怪兽（序号25）不能算作猴。应该是考虑到前者与猴的近亲关系，以及后者头部的特征，上岛将它们也列入了猴玩具。两者确实与猴有关系，且所占比例极小，不会影响整体的结论，所以这里姑且尊重上岛的意见。退一步讲，即使这两种不算作猴玩具，其特点或寓意也是值得关注的：前者可辟邪驱病，后者虽名为怪兽，实为猴头的四不像，且形象惹人喜爱，两者的寓意与其他绝大多数猴玩具是一致的。

上岛对每种猴玩具的具体介绍可谓细致入微，而对其总体特征的概括略显不足。为一目了然起见，笔者将这些猴玩具整理成了表格。由表1.1可知，从材质看，有泥猴、瓦猴、木猴、纸猴、布猴等，基本囊括了民间玩具的主要材料；从分布地区看，涵盖了九州、近畿、中部、关东、四国、东北、中国等七个地区，可以说除了没有日本猴分布的北海道和冲绳[②]，其他广大地区都

① 上岛亮.日本民间猴玩具［J］.东南文化，2002（4）：82-91.

② 北海道在日本猴分布的北限下北半岛以北，冲绳在日本猴分布的南限屋久岛以南。

可见民间猴玩具的身影；从出现方式看，或单只，或成群，或作为侍从，但更多时候是主角，有时还会与鲤鱼、鲤鱼旗、桃子、鹿、鸡等一起作为吉祥物出现，寄托着人们美好的愿望。

图1.3　布猴[①]

表1.1　日本民间的猴玩具[②]

序号[③]	猴玩具名称	分布地区	特点或寓意
1	笹野才藏的侍从猴	九州博多市	肩上扛着给神的各种贡品。孩子出生时祛病消灾
2	伸舌猴	九州平户	有趣
3	木叶猴	熊本县玉名郡木叶村	像守护神一样消灾免祸的泥塑猴：子孙后代繁荣昌盛，免除种种瘟疫和灾难
4 5	骑马猴 食物猴		生殖器大，是吉祥的象征，意在祈求婴儿顺产、子孙繁荣
6	三不猴[④]		有趣

① 引自上岛亮.日本民间猴玩具［J］.东南文化，2002（4）：91.

② 笔者依据以下文献绘制：上岛亮.日本民间猴玩具［J］.东南文化，2002（4）：82-91.

③ 序号与上岛论文中图片的序号不尽一致，为笔者所加。

④ 原文为“不看、不听、不说猴”。为简便起见，本文称为“三不猴”。

续表

序号	猴玩具名称	分布地区	特点或寓意
7	赤坂泥塑猴：武士猴	九州福冈县久留米市	未提及
8	赤坂泥塑猴：乘鲤猴		未提及，应是吉祥之意
9	喜喜猴	和歌山县	喜庆吉祥之物，表达了人们对福、禄、寿和平安的期望
10	和睦猴	未明确提及	消除腰痛、祈求怀孕的一种信物
11	猴宝宝	岐阜县高山市	辟邪，祈愿孩子无病无灾、健康成长
12	念经猴	大津市坂本	免除灾难的象征
13	弹跳猴	三重县、东京、神户市、德岛、熊本	辟邪，消灾，转运
14	面具猴	福冈市藤崎	神物，驱灾得福
15	鹿猴	广岛县宫岛神社、江户时代的岩岛地区	吉祥物。“鹿和猴”是“禄和良缘”的谐音
16	猴长老	京都伏见地区、奈良元兴寺庚申堂	消灾免病，祈求好运
17	五只猴		谐音为“守护猴”“缘分”，有全家幸福安康的吉祥寓意
18	瓦猴	和歌山县、三重县美里村实相寺	桃形脸，手捧桃。祈祷安全顺产，子孙繁荣
19	骑柿猴	静冈县滨松市	自然，可爱
20	吭吭猴	九州福冈县古贺	类似中国寓意“辈辈封侯”的“背背猴”的日本版
21	骑马猴①		预防马的疾病用的吉祥物
22	抱鸡猴		防止小儿夜间啼哭。与庚申信仰中的鸡猴搭配有关
23	猩猩面具	鸟取县	驱除邪恶和恶疫病魔
24	升猴	九州宫崎县延冈市	与鲤鱼旗一起用来庆祝男孩节。曾用作延冈藩主作战时的旗帜，结果旗开得胜

① 与前文骑马猴（序号4）不尽一致，故分别列出。

续表

序号	猴玩具名称	分布地区	特点或寓意
25	猴头怪兽	静冈县伊豆长冈	猴头狸身虎足蛇尾，名为怪兽，形象却惹人喜爱
26	抱桃猴[①]	未提及	吉祥物
27	招手猴	福岛县三春地区	吉祥物
28	骑球猴	山形	吉祥物
29	土铃猴	伊势市伊势神宫、津屋崎	吉祥物
30	木雕猴	日吉神社	神的使者
31	纸叠猴	富山县五舱山	未提及
32	泥塑猴	铃鹿市椿大神社	守护神社
33	三番叟猴	金泽市中岛面玩具店	未提及
34	傻瓜猴	滋贺县大津	暗示百姓的艰苦生活和社会的种种矛盾
35	布猴	日本的农村等地	祈愿健康、顺利、幸福和丰收

日本民间猴玩具种类如此之多，覆盖地域如此之广，出现方式如此之丰富，正说明猴已广泛而深入地融入日本人的日常生活中，成为日本民间社会不可或缺的重要组成部分。那么，这些猴玩具到底有什么寓意？或者说，这些寓意是否表现出一些共通的总体特征？

由表格内容可知，35种与猴有关的民间玩具中，除1种傻瓜猴外，其他均未涉及负面内容；有4种未提及特点或寓意，但其中1种因为是乘鲤猴，而鲤鱼本身是吉祥的象征，所以乘鲤猴亦应如是；另有4种虽未涉及寓意，但简单介绍了特点，如有趣、自然、可爱、惹人喜爱等，应属正面评价；剩下的26种猴玩具的寓意，笔者以为整体上可以概括为两个方面：其一为辟邪，或曰祛病消灾，其二为祈福求吉。当然，这两方面互有交叉，不可截然分开。例如祛病消灾本身就是为了祈愿健康、顺利、好运和幸福，求得吉祥如意。综合来看，

① 系笔者根据上岛亮论文中图片命名，原论文无该猴玩具名称。

35种日本民间猴玩具中，27种（含乘鲤猴）为趋吉避凶的寓意，4种介绍了其自然、可爱等正面特点，3种完全未涉及特点或寓意，另有1种为负面寓意。整体而言，正面寓意占了近八成，包括正面寓意在内的正面描述更是占了绝大多数，几乎掩盖了负面寓意的存在。

具体而言，祛病消灾和祈福求吉这两方面的寓意中又有三种情况值得引起注意。第一种是祈祷怀孕、安全顺产、孩子无病无灾健康成长和子孙繁荣的，涉及9种猴玩具，占祛病消灾或祈福求吉类寓意的三分之一左右。第二种是提及“吉祥”或“吉祥物”的，涉及7种猴玩具。第三种是提及神、神的使者或“守护（神）”的，涉及6种猴玩具。考虑到三种情况有交叉，即有的猴玩具涉及两种或两种以上情况，故将交叉情况去掉再统计，结果发现涉及三种情况中至少一种的有21种猴玩具，占了趋吉避凶类寓意的大多数。

之所以说这三种情况值得注意，是因为当我们追根溯源时，会发现不仅其来有自，而且需要回到本章第一节论及的绳文时代去寻找最初的答案。关于第一种情况，实质上就是对猴的生殖崇拜，其源头显然应是绳文后期的猴面坐产土偶；第二种情况反映的是人们希望趋吉避凶的普遍心理，相关猴玩具是这种心理物化后的表现；第三种情况中的神、神的使者或“守护（神）”当然可以向山王信仰、庚申信仰等回溯，但若论及最初的端倪，当属绳文时代晚期便已成为特别乃至神秘身份象征的猴桡骨制耳饰。三种情况的相通之处在于本章第一节所述的“肖像能够占有原型的地位并占有它的属性”。换言之，某种意义上，民间猴玩具是绳文时代猴面坐产土偶和猴桡骨制耳饰的变种，三者共同构成了解析日本猴形象原型密码的物证链。虽然换了材料，变了造型，增加了玩耍的功能，但是其内核并未发生根本性的变化，依然传承着来自绳文时代的原始思维方式，即将趋吉避凶的愿望寄托在具体的物或图像上。如此一来，看似普通的民间猴玩具中，其实隐含着对猴的原始生殖崇拜和猴桡骨制耳饰作为特别甚至神秘身份的象征这一文化大传统。借用上岛亮的话来表述，就是“民间民俗历史文化遗产的活化石”[①]。

---

① 上岛亮.日本民间猴玩具［J］.东南文化，2002（4）：91.

小　结

本章聚焦物证和图像证据，尝试对日本文化中猴形象的原型密码进行解码。结果发现，由于具有较强的生殖能力，绳文时代前期尚是狩猎和食用对象的日本猴，到绳文时代后期变成了生殖崇拜的象征，与人类孕妇分娩形态类似的猴面坐产土偶便是其例证。绳文时代晚期贝冢出土的猴桡骨制耳饰体现出猴的特别甚至神秘之处，是对猴的原始崇拜的又一旁证。猴的这种特别甚至神秘之处，或曰神圣性，成为日本猴文化的基础性符号或曰原型编码，奠定了日本猴形象的文化大传统，并在后世的文字书写、口传文艺、民俗医疗、民间猴信仰、民间猴玩具等多重证据中得到传承。

第二章　文字书写：有关日本猴的文字编码与早期经典

最近一个猴年——2016年到来之时，一则“猴文字”的新闻在日本各大媒体刷屏：日本兵库县淡路岛猿猴中心的约200只日本猴组成了日语中表示猿猴的片假名“サル”。当然，并不是说日本猴如何聪明，而是猿猴中心的负责人把用来喂食猴子的饵料撒成了相关字形，吸引猴子来吃，从而“自然”形成了人类文明的象征物之一——文字，借猴群这一等级关系森严的群体的短暂的和谐场景来表达人们对新年的祈愿，即希望世界像这一瞬间的猴群一样和谐。换言之，正如文字是人类的创造物一样，猴群合作而成的“サル”更像是人导演的又一部作品。在这部作品中，文字充当着把人与猴、文化创造与自然之物连接起来的媒介，报道这部作品的媒体运用的主要媒介也是文字①，而这正是文字自其诞生以来一直发挥的作用。

文字属于四重证据法中的第二重证据，用其写就的古代经典属于传世文献，是第一重证据。从N级编码的角度看，两者分别为仅次于物和图像的第二和第三级编码。作为书写权力的体现，两者的重要性不言而喻。其重要性还体现在，文字不只是文字，还是了解其所属的文化的重要媒介。如果说汉字是中国文化的活化石，那么从用于表记日本猴的汉字的变迁，则可以看出日本人对猴的态度的变化，即日本文化中猴形象的演变。本章聚焦日本有关猴的文字编码和古代早期经典，梳理日本与猴相关的文字尤其是汉字的演变，分析早期经典如何表述日本猴，进而论述其中反映出来的日本猴形象。

① 当然也包括图片。

第一节 文字编码的演变："言灵"信仰与中国古代猿猴观

叶舒宪提到，认知人类学认为语言文字是最能体现特定文化价值的符号系统[①]。结合日本的实际情况，此处将论述范围限定为日本正在使用和曾经使用过的与猴相关的文字，尤其是汉字，因为其背后体现的是日本当时的文化背景和对中国文化的理解与取舍。

众所周知，日语中存在平假名、片假名、汉字和罗马字等多种表记方式。具体到作为动物的猴，平假名、片假名和罗马字表记分别是「さる」、「サル」和"SARU/saru"，但相较之下汉字表记就要复杂得多，如"猿""猨""猴""猕猴"等等，此外还有万叶假名"佐屡""佐流"，以及「えて公」、「えて吉」、「ましら」等异称，名目繁多，令人眼花缭乱。文字体系的多样性，反映着文化的复杂性。叶舒宪认为："从认知人类学和语言人类学的观点看，对同一事物的别称和异名越多，表明此一事物在该文化社会中的重要性越高，引人关注的程度也越高。"[②]这里无意逐一分析日本有关猴的诸多名称，而是想以史书、辞书等典型文本中猴的汉字表记的变化为例，分析其选用标准，进而考察在背后起作用的中国文化元素。显而易见，汉字比其他表记方式更胜任这一角色。

现代日语中评价一个汉字常用程度的重要指标是"常用汉字表"，"常用汉字表"是在法令、公文、报纸、杂志、广播等一般社会生活中书写现代日语时的汉字使用标准，1981年颁布时收录有1945个汉字，2010年修订后增至2136个汉字。在这些"常用汉字"中，"猿"按五十音图的顺序排在第97位，此外没有关于猴的"猴"等其他汉字出现。事实上在必须用汉字表记时，现代日语中一般用"猿"字来指代猴。如果从生物学的角度以及汉字的本义来看，这显然是张冠李戴。因为"猿"与"猴"虽然都是人类的近亲，但还是有明显不同的。按照《现代汉语词典》（第7版）的解释，猿"外形像猴而大，没

① 叶舒宪.文学人类学的理论与方法[J].上海交通大学学报(哲学社会科学版)，2019(1)：100.

② 叶舒宪.从玉教到儒教和道教——从大传统的信仰神话看华夏思想的原型[J].社会科学家，2017(1)：137-142.

有颊囊和尾巴”，而猴“有尾巴，行动灵活，好群居，口腔有储存食物的颊囊”。「猿/さる」在日语中主要有两个意义。一是指除人类以外的灵长类，二是指日本猴。事实上，除了在动物园等地，日本是只有“猴”而没有“猿”的，而且猴也只有“日本猴”一种。那么，日本人为什么用“猿”字来指代“猴”这种动物呢？当然，需要指出的是，日语中并不是一开始就用“猿”字来表示“猴”这一动物的，其汉字的选择经历了一个演变的过程。

《古事记》是日本现存最早的神话集，不过鉴于其中并无作为动物的猴出现，因此不做着重分析。比其略晚的《日本书纪》是日本最早的敕撰正史，而且是用汉文书写的，对分析与猴有关的汉字表记背后的考量应有较大参考价值。猴在《日本书纪》中共出现了6处计7次，详情如表2.1所示。由该表可知：“猨”出现了2次，这是“猿”的异体字；“古佐屡”出现了2次，这是万叶假名；“猿”出现了2次；“猴”出现了1次。由于样本较少，不宜作孰多孰少的分析。整体来看，《日本书纪》中猴的汉字表记既有真正的汉字，又有以汉字来表音的日本式万叶假名，呈现出多样化的特点。

表2.1 《日本书纪》中动物猴的汉字表记[①]

卷 数	用例
十三	時麋鹿・猨・猪、莫々紛々、盈于山谷。
二十四	古佐屡渠梅野俱
二十四	以古佐屡、而喻林臣。
二十四	見猿晝睡、竊執其臂、不害其身。猿猶合眼歌曰
二十四	而聽猴吟
二十九	且莫食牛馬犬猨鷄之宍

和铜六年[②]，元明天皇诏令各诸侯国编纂记录当地风土、地名由来、物产、传说等的风土记即地方志，其中特别要求“郡鄉名著好字”[③]，即郡和乡的名字要用两个寓意美好的汉字来表示。显然，当时已经有了使用汉字尤其是

① 作者依据以下文献绘制：

日本書紀（上）[M].坂本太郎，家永三郎，井上光貞，大野晋，校注.東京：岩波書店，1967.

日本書紀（下）[M].坂本太郎，家永三郎，井上光貞，大野晋，校注.東京：岩波書店，1965.

② 713年。

③ 風土記 [M].秋本吉郎，校注.東京：岩波書店，1958：9.

使用寓意好的汉字的意识。此外，考虑到编纂完成且现存的出云、常陆、播磨、肥前、丰后五国的风土记整体上都是使用的汉文体，可以认为，当时日本受中国文化影响极深。作为旁证，“风土记”这一名称最初也是由中国东汉大儒卢植在其著作《冀州风土记》中率先使用的。

《风土记》中动物猴的汉字表记如表2.2所示。由该表可知，在现存的《风土记》中，作为指代「サル」的汉字，“猿”“猴”和“猕猴”都曾被使用。如仅在《常陆国风土记・行方郡》的记载中，就同时出现了“猪猿大住”“猪猴栖住”和“猪猴狼多住”的字样，而且其中“猿”和“猴”都训读为「さる」。在《常陆国风土记・久慈郡》条中，则记述为“獼猴集来”，且“獼猴”的发音同样为「さる」。在同时期的《出云国风土记》中，共有9处提到该动物，其中除1处用了“猿”字外，其它8处都用了“猕猴”。可以说，在这一时期的《风土记》中，“猿”和“猴”各自单独使用的比例旗鼓相当。如果算上“猕猴”在内，“猴”字的使用甚至远多于“猿”字。也就是说，至少这时“猿”相较“猴”并无优势可言。至于“獼猴”多次出现，可能是受到了《魏志倭人传》的影响，其中提到“有猕猴、黑雉”[①]。

表2.2　《风土记》中动物猴的汉字表记[②]

章节	用例
常陸國風土記　行方郡	猪猿大住（中略）猪猴栖住
常陸國風土記　行方郡	猪猴狼多住
常陸國風土記　久慈郡	獼猴集来
出雲國風土記　意宇郡	獼猴之族
出雲國風土記　嶋根郡	猿
出雲國風土記　秋鹿郡	獼猴
出雲國風土記　楯縫郡	獼猴
出雲國風土記　出雲郡	獼猴
出雲國風土記　神門郡	獼猴
出雲國風土記　飯石郡	獼猴
出雲國風土記　仁多郡	獼猴
出雲國風土記　大原郡	獼猴

① 陈寿.三国志［M］.上海：上海古籍出版社，2002：792.

② 笔者依据以下文献绘制：風土記［M］.秋本吉郎，校注.東京：岩波書店，1958.

然而到了平安时代（794—1192）中期，事情发生了较大变化。承平年间（931—938），日本出现了第一部分类体汉和辞典《倭名类聚抄》。这部辞典因对汉籍多有引用而增加了其权威性，作为辞书的一个标准而对后世产生了深远影响。在这部较有代表性的辞书中，有关猴的汉字只收录了“猿”的异体字“猨”。其中提到“俗作猿和名佐流”[①]，意即“猿”是“猨”的俗字，日本固有名称为“佐流”（さる/サル）。也就是说，编者认为“猨”（猿）字最能代表猴这一动物。那么，从“猿”“猴”并用到“猿”字独占鳌头，这中间到底发生了什么呢？对此，滨田阳结合中国古代猿猴观指出，相较喧闹、污浊、卑俗、野蛮、头脑简单的猴，猿的地位更高，向来入诗入画，是森林中超凡脱俗的贤者；而在日本只有日本猴一种非人灵长类的情况下，既然没有比较对象，索性就用更好的字，这样既可以切身接受中国文化，又体现了古代日本人出色的语言感觉，因此《魏志倭人传》的记载固然正确，古代日本人也并没有用错，反而采用了一种具有创造性的表达方式[②]。

滨田阳的观点固然有牵强之处，不过其对中国古代猿猴观的理解还是有一定道理的。荷兰外交家、对中日两国都颇有研究的高罗佩证实，猿“优雅的举止及悲伤的叫声几乎出现在3至7世纪每个诗人的作品中”[③]，“此字听起来比猴、沐猴、猢狲或其他猴科类动物的称谓更优雅”[④]。唐代类书《艺文类聚》卷九十引晋葛洪《抱朴子》：“周穆王南征，一军尽化，君子为猿为鹤，小人为虫为沙。”[⑤]这些都是把猿与君子联系起来的典型事例。唐代与李白交情甚笃的隐士吴筠在其《玄猿赋》中说猿“不践土石，超遥于万木之间。春咀其英，秋食其实，不犯稼穑，深栖远处。犹有君子之性，异乎狙猱之伦”[⑥]，

① 東京大學國語研究室．東京大學國語研究室資料叢書12　倭名類聚抄　天文本［M］.東京：汲古書院，1987：420.

② 濱田陽.日本十二支考＜猿＞＜鶏＞＜犬＞［J］.帝京大学文學部紀要，2014，44：99-104.

③ 高罗佩.长臂猿考［M］.施晔，译.上海：中西书局，2015：68.

④ 高罗佩.长臂猿考［M］.施晔，译.上海：中西书局，2015：68.

⑤ 欧阳询.艺文类聚：下［M］.汪绍楹，校.上海：上海古籍出版社，1999：1563—1564.原文为繁体，现统一为简体。标点为笔者所加。

⑥ 吴筠.玄猿赋［C］//杨吉成.中国生肖诗歌大典：第5辑.成都：巴蜀书社，2013：92.

“寿同灵鹤，性合君子”[①]，在赞扬猿为君子的同时，对“狙”“猱”等猴类有所贬抑。类似的例子还有很多，不胜枚举。

事实上，至少在《西游记》中的孙悟空出现之前，中国古代素来确实有美猿鄙猴、尊猿贬猴的传统。按照秦榕的考证，猿和猴虽然都源自远古时期的猴神崇拜，同时却也是猴神形象两极分化的结果，其正面形象在猿身上得以赓续，负面形象却为猴所继承[②]。换言之，长期以来，猿都是善和雅的象征物，而猴则是恶与俗的代名词。这种截然对立的认识集中体现在中国唐代诗人柳宗元（773—819）的《憎王孙文》中，其序曰：

> 猨、王孫居異山，德異性，不能相容。猨之德静以恒，類仁讓孝慈。居相愛，食相先，行有列，飲有序。不幸乖離，則其鳴哀。有難，則内其柔弱者。不踐稼蔬。木實未熟，相與視之謹；既熟，嘯呼群萃，然後食，衎衎焉。山之小草木，必環而行遂其植。故猨之居山恒鬱然。王孫之德躁以囂，勃諍號呶，唶唶彊彊，雖群不相善也。食相噬齧，行無列，飲無序。乖離而不思。有難，推其柔弱者以免。好踐稼蔬，所過狼籍披攘。木實未熟，輒齕齩投注。竊取人食，皆知自實其嗛。山之小草木，必凌挫折挽，使之瘁然後已。故王孫之居山恒蒿然。以是猨群衆則逐王孫，王孫群衆亦齚猨。猨棄去，終不與抗。然則物之甚可憎，莫王孫若也。余棄山間久，見其趣如是，作《憎王孫》云。[③]

这里的“猨”一般认为是长臂猿，“王孙”则是指猕猴。从猴“皆知自实其嗛”（都知道装满自己的颊囊）等字眼可知，唐代时对猴的生物学特征已有较清楚的认识。不过，“猨之德静以恒”却未必符合实际，因为长臂猿喜欢在树上荡来荡去，早晚高唱，并不静。显而易见的是，猿和猴在柳文中形成了

---

① 吴筠.玄猿赋［C］//杨吉成.中国生肖诗歌大典：第5辑.成都：巴蜀书社，2013：94.

② 秦榕.中国猿猴意象与猴文化源流论［D］.福州：福建师范大学，2008.

③ 柳宗元.柳宗元选集［M］.高文，屈光，选注.上海：上海古籍出版社，2016：218-219.
为尊重原文起见，此处未将繁体字改为简体字。

鲜明的对照，其德行或被无限拔高，或被极度贬低。尽管柳宗元的这篇文章具有政治寓言的性质，与生物学的观点不尽相同，但毫无疑问，这种形象的鲜明分化和夸张影响了人们对这两种动物的认识。正如滨田阳所论，古代中国这种美猿、尊猿的传统理应会对日本人选择与猴有关的汉字产生影响。况且，在日本古代前期，猴作为山神的使者，同样是神圣的存在，是人们信仰的对象。所以，不难理解日本人会用中国文化中极具正面形象的“猿”这一“好字”去指称猴这一为日本人崇拜的准神灵般的存在。

当然，如果满足于以上解释，是不能看到问题的全貌的。笔者认为，“郡鄉名著好字”的要求也好，用“猿”字来表示动物猴也罢，背后都有一个共同的因素在起作用，那就是古代日本人的“言灵”信仰。古代日本人认为语言是有灵的，好的词语可以带来吉祥，不好的词语则会招致灾祸。可以说，这是万物有灵论在语言上的体现。具体到日本猴，前文所述厩神信仰中马匹的保护神、山神的使者等身份，与中国古代猿猴观共同作用，促使人们用一个好的词语去表述它。

第二节　早期经典中的表述：《日本书纪》中的猴与政治叙事

本节以日本古代早期经典为主要文本，尝试探讨其中的猴形象。公元712年成书的《古事记》是日本现存最早的传世经典文献，720年成书的《日本书纪》次之。

《古事记》中有“猿”字出现，如“猿田彦”“猿女”等，但关于其中是否有作为动物的猴出现，学界尚有争论。大贯惠美子是肯定派的代表，她认为其中的猿田彦是猴神。作为理由，大贯指出猿田彦的名字中有“猿”字，还援引下中弥三郎的看法，称“记纪”将猿田彦描绘成红屁股的一个神[①]。然而，需要注意的是，原文说的不是指代“屁股”的“尻”，而是“口尻”[②]，其意应为“嘴角”。显然，仅凭大贯的这两条理由是不能认定《古事记》中存在作为动物的日本猴的，对其中猴形象的分析更是无从谈起。所以，《古事

① 大貫恵美子.日本文化と猿[M].東京:平凡社, 1995:48-49.

② 读音为「くちわき」。

记》中的“猿”并不是作为动物的猴，而仅仅是“猿”字的一个用例而已。基于此种考虑，作为第一重证据的主要代表，本节着重选取日本现存最古老的正史《日本书纪》进行分析。

论及猴，在亚洲，人们一般会想到《西游记》中的孙悟空，或者是印度神猴哈努曼。相较之下，日本的猴似乎有些默默无闻。事实果真如此吗？其实不然。猴在日本又称为日本猴，属于动物界→脊索动物门→哺乳纲→灵长目→猴科→猕猴属→日本猕猴种，所以也称为日本猕猴。如前所述，考古研究显示，日本猴早在距今约四五十万年前就已在日本列岛繁衍和生息，可以说比日本人早得多。其后日本猴在日本生息至今，其身影不时出现在文学、工艺美术、民间信仰等日本社会生活的方方面面，俨然已经成为日本文化的重要符号。

《日本书纪》是天武天皇皇子舍人亲王奉敕主持编撰的号称日本最古老的正史，是以编年体的形式用汉文书写的，成书于公元720年，与日本现存最古老的成书于712年的《古事记》并称“记纪”。研究日本早期文本中的猴叙事，有助于厘清日本文化中的猴形象在文字文本方面的脉络甚至源头。本书将以《日本书纪》作为文本，对其中出现的有关猴的记载进行整理和分析，结合当时的政治和宗教环境，考察日本这一早期文献中猴与政治叙事的关系以及天皇制中央集权体制在其中发挥的作用。

一、狩猎对象与神灵祭祀

《日本书纪》中关于猴的记载共有六处，第一处出现在卷第十三“允恭天皇”的条目中。允恭天皇是《日本书纪》中日本第19代天皇，于5世纪中叶在位。该条目相关原文如下：

> 十四年秋癸丑朔甲子、天皇獵于淡路嶋。時麋鹿・猨・猪、莫々紛々、盈于山谷。焱起蠅散。然終日、以不獲一獸。[①]

① 日本書紀（上）[M].坂本太郎，家永三郎，井上光貞，大野晋，校注.東京：岩波書店，1967：447.

这里的“猨”是“猿”的异体字，实际上指的却是“猴”，具体到日本就是日本猴。因为一方面日语中习惯用汉字“猿”来指代“猴”；另一方面，生物学和考古学的研究已经证实，日本原生的人以外的灵长类只有猴而没有猿。这段文字的大意是天皇在淡路岛打猎，这时鹿、猴、野猪等动物充满山谷，而天皇一整天都没能猎获一头野兽。显而易见，在5世纪中叶的日本，至少对于天皇而言，猴是作为狩猎对象而出现的，这里凸显的是其动物性。

猎物盈于山谷，天皇却不获一兽，这样的叙述不能不引人注意。其实该条目的后续记载中提到天皇为此进行了占卜，结果“岛神祟之曰、不得兽者、是我之心也。赤石海底、有真珠。其珠祠于我、则悉当得兽”①。允恭天皇依岛神之言行事，召集各地的渔夫寻得珍珠，献祭于岛神，而后再行狩猎，果然满载而归。可以说，某种意义上天皇是以祭祀岛神的行为换取了猴等猎物，这是《日本书纪》中猴与天皇政治活动之间密切联系的最初记录。

二、有关猴的政治隐喻与谶谣

在《日本书纪》卷第二十四“皇极天皇”的记载中，猴出现的频率开始加大，一共有四次。皇极天皇是《日本书纪》中日本第35代天皇，642—645年在位，是第34代天皇舒明天皇的皇后，中大兄皇子②和大海人皇子③之母，在舒明天皇死后即位，大化元年④让位于其弟孝德天皇，其弟死后在皇太子中大兄皇子的奏请下再次即位，是为齐明天皇。这种天皇退位后再次登上皇位的情况在《日本书纪》的记载中有且只有两次，在位时间也都不长，属于异常情况，其实从一个侧面反映了当时政治形势的不稳定。

正是在这种政治形势下，猴每次出现时的表记方式和意义都不尽相同，但几乎都与苏我入鹿和圣德太子之子山背大兄王的政治恩怨有关，这一恩怨由来已久。苏我入鹿的祖父苏我马子与圣德太子在政治上的对立暂且不论，推古天皇死后，山背大兄王原本是皇位的有力继承人，而苏我入鹿的父亲苏我虾夷

① 日本書紀（上）[M].坂本太郎，家永三郎，井上光貞，大野晋，校注.東京：岩波書店，1967：447.

② 后来的天智天皇。

③ 后来的天武天皇。

④ 645年。

掌握实权，拥立田村皇子[①]为天皇，山背大兄王首次败北。舒明天皇死后其皇后皇极天皇继任，同时新的皇位继承人问题再次凸显出来。

> 冬十月（中略）戊午、蘇我臣入鹿獨謀、將癈上宮王等而立古人大兄爲天皇。于時有童謠曰、伊波能杯儞、古佐屢渠梅野俱、渠梅多儞母、多礙底騰衺囉栖、歌麻之々能烏膩。蘇我臣入鹿、深忌上宮王等威名、振於天下、獨謨僭立。[②]

（皇极二年[③]）十月十二日，大臣苏我入鹿企图废掉圣德太子的皇子[④]，转而立舒明天皇的皇子古人大兄为天皇。这时民间流传着一首“童谣”（大意）：在那岩石上，小猴子在煮米饭，羚羊胡子老爷爷，好歹吃了饭，再把那路往前赶。[⑤]当然，这只是歌谣表面的意思。不过，从“小猴子在煮米饭”这一略显神秘的表达可以看出，这首歌谣应另有他解。同年十一月，苏我入鹿派兵攻打山背大兄王，火烧圣德太子营造并居住过的斑鸠宫。山背大兄王等人一度从斑鸠宫逃入深山，后不愿因一己之故而陷民于刀兵之灾，终被困于斑鸠寺（今法隆寺），与一族人等自杀身亡。山背大兄王被逼自杀后，时至皇极天皇三年[⑥]春正月，时人对这首歌谣又有了新的解释：

> 時人、説前謠之應曰、以伊波能杯儞、而喻上宮。以古佐屢、而喻林臣。林臣、入鹿也。以渠梅野俱、而喻燒上宮。以渠梅柁儞母、陀礙底騰褒羅栖、柯麻之々能鳴膩、而喻山背王之頭髮斑雜毛似山羊。又棄捨其宮匿深山相也。[⑦]

① 后来的舒明天皇。

② 日本書紀（下）[M].坂本太郎，家永三郎，井上光貞，大野晋，校注.東京：岩波書店，1965：249.

③ 643年。

④ 尤指山背大兄王。

⑤ 中文译文出自笔者。

⑥ 644年。

⑦ 日本書紀（下）[M].坂本太郎，家永三郎，井上光貞，大野晋，校注.東京：岩波書店，1965：253.

人们联系上文的歌谣说，岩石上是指斑鸠宫，小猴子是指苏我入鹿，小猴子煮米则是苏我入鹿火烧斑鸠宫之喻；“羚羊胡子老爷爷，好歹吃了饭，再把那路往前赶”是取白发蓬蓬的山背大兄王与羚羊的相似之处，也暗指山背大兄王等人在宫殿被烧后逃往深山。显然，这种解释已经超越了歌谣的表面意思，小猴子也不再单纯地指称动物，而是成了政治家苏我入鹿的隐喻。

需要注意的是，这里的“童谣”并不是一般意义上的童谣，而是日本上代（主要指奈良时代）歌谣的一种，其内容包含了对社会或政治的讽刺或预言，多以儿童的口吻创作并在民间流行。在《日本书纪》中，这种歌谣多出现在舒明天皇（第二十三卷）、皇极天皇（第二十四卷）及以后的诸卷中。这种以“童谣”指摘政治的做法并非《日本书纪》首创，其体例模仿了《汉书》《后汉书》中“五行志”的写法。具体表现形式就是在介绍歌谣的内容后会有“……之应”“……相”等字样出现，以示其应验。这种歌谣，中国国内学界一般称之为“谣谶”或“谶谣”。

《说文解字》云：“谶，验也。”[①]根据吴承学的研究，中国先秦时已出现以歌谣为谶的风气。关于其定义，吴认为，“谣谶”指的是“那些民间流传的以歌谣形式预兆未来社会政治状况的谶言”[②]。谢贵安将谶谣定义为“把谶的神秘性、预言性与谣的通俗流行性结合起来的一种具有预言性的神秘谣歌，是以通俗形式表达神秘内容并预言未来人事荣辱祸福、政治吉凶成败的一种符号，或假借预言铺陈的政治手段”[③]。吕肖奂认为谶谣是谶纬和民谣相互借用从而加速传播的一种民间文体形式：前者借用了后者的通俗，后者借用了前者的神秘[④]。这三种定义大同小异，笔者认为尤以谢贵安的总结最为明晰，即强调“谣谶”或“谶谣”的神秘性、预言性和通俗流行性三个特点。

正是由于具有这三个特点，谶谣才得以成为重要的舆论工具，引起广泛重视，风行于古代中国，甚至传播到海外，对政治和人心等产生了巨大影响。理解了谶谣的这三个特点及其影响，也就不难理解“谣谶”或“谶谣”为何

① 许慎.说文解字（附检字）[M].北京：中华书局，1963：51.

② 吴承学.论谣谶与诗谶[J].文学评论，1996（2）：103.

③ 谢贵安.中国谶谣文化研究[M].海口：海南出版社，1998：5.

④ 吕肖奂.中国古代民谣研究[M].成都：巴蜀书社，2006：76-80.

会被写入史书甚至正史了。吴承学认为，“在史书中，首次有意识地、系统地记载谣谶，并加以解说的是班固的《汉书・五行志》”[①]。据笔者统计，中国二十四史中设有“五行志”的就有十三部之多，超过半数，足见其影响之大。此外，《宋书》中除“五行志”外还设有“符瑞志”，《南齐书》中除“五行志”外还设有“祥瑞志”，不属于二十四史的《清史稿》虽无“五行志”，却有“灾异志”等相关内容。作为日本的正史，《日本书纪》在编写之初就对《汉书》《后汉书》等中国史书颇多引用或借鉴，其模仿“五行志”引入谶谣也就不足为怪了。

前文所引“冬十月”及“时人、说前谣之应曰”两段引文所涉“童谣”在当时是否真正流行过现已不可考也不再重要，重要的是从“……之应”、“……相”等处可以肯定，这是典型的谶谣，而且字里行间褒贬明显，即视苏我入鹿为乱臣贼子，对圣德太子之子山背大兄王等则多有美化。如前所述，《日本书纪》是由天武天皇的皇子舍人亲王主持编纂的，而天武天皇前半生被认为与其兄天智天皇属于同一阵营，参与了对苏我氏的斗争，而且考虑到其即位后采取的一系列强化天皇中央集权体制的政策措施，该书对苏我氏的态度可谓顺理成章。此外，从《日本书纪》并未将大海人皇子（天武天皇）在壬申之乱中的皇位竞争对手大友皇子列为天皇这一做法也可以明显看出该书的立场倾向。

无独有偶，在“皇极天皇”卷中这样的谶纬叙事不止一处，而且其内容同样与山背大兄王和苏我入鹿有关。原文如下：

> 乙巳、志紀上郡言、有人於三輪山、見猿晝睡、竊執其臂、不害其身。猿猶合眼歌曰、武舸都烏爾、陁底屢制囉我、偏古泥擧曾、倭我底烏騰羅每、拖我佐基泥、作基泥曾母野、倭我底騰羅須謀野。其人驚怪猿歌、放捨而去。此是經歷數年、上宮王等、爲蘇我鞍作、圍於膽駒山之兆也。[②]

① 吴承学.论谣谶与诗谶［J］.文学评论，1996（2）：104.

② 日本書紀（下）［M］.坂本太郎，家永三郎，井上光貞，大野晋，校注.東京：岩波書店，1965：257.

（三年[①]夏六月）三日，从志纪上郡[②]听到了下面的故事。以前有人在三轮山上发现一只猴子在睡午觉，就小心翼翼地抓住了猴子的手臂。不料睡梦中的猴子唱道："对面山上那个人，碰我的手还可以，到底是谁啊，用你那粗糙的手，来碰我的手。"[③]那人听了大惊，放开猴子的手逃走了。表面看来，这好像是一首恋歌。其实是以猴子的手被捉来预示几年后山背大兄王等人被苏我入鹿围于深山，陷入窘境。这里的猴子同样神秘，同样可以理解为一种政治隐喻，所不同的是对象从苏我入鹿变为山背大兄王，而且不再是一只小猴子，而是略带些许神秘色彩的睡午觉的猴子。

值得一提的是，三轮山在《古事记》《日本书纪》和日本古代民间信仰中均被视为神山，是人们祭祀和礼拜的对象。三轮山西麓有大神神社，这是日本最古老的神社之一，祭神是大物主神，其神体便是三轮山。近世初期山上甚至开始设立"禁足地"，即禁止进入的区域，其在日本人心目中的神圣程度由此可见一斑。可以认为，之所以"有人"在三轮山上见到睡午觉的猴子，一方面应是考虑到猴子活泼的特点，与猴子所唱歌谣的风格相呼应，另一方面则是借助三轮山的神性，增强猴子所唱歌谣的可信度。按照黑泽幸三的说法，这只三轮山的猴子"不是一只普通的作为动物的猴子，而是携带着三轮山的神意"[④]。显然，这首歌谣同样具有前文所述的神秘性、预言性和通俗流行性三个特点，且其后有"之兆也"的字样，可以认为是一首谶谣。

三、神明使者与皇室祖神

带有神秘色彩的猴子在"皇极天皇"卷中还有出现，而且不再是一只两只，而是十几只到二十只左右。

> 四年春正月、或於阜嶺、或於河邊、或於宮寺之間、遙見有

① 644年。

② 今奈良县天理市。

③ 日本書紀（下）［M］.坂本太郎，家永三郎，井上光貞，大野晋，校注.東京：岩波書店，1965：257. 中文译文出自笔者。

④ 黒沢幸三.三輪氏の古伝承［J］.文学，1971（2）：63.

物。而聽猴吟。或一十許、或廿許。就而視之、物便不見、尚聞鳴嘯之響。不能獲覩其身。舊本云、是歳、移京於難波。而板蓋宮爲墟之兆也。時人曰、此是伊勢大神之使也。[①]

（皇极）四年[②]春正月，遥遥望去，在山冈上、河边、宫殿与寺庙之间等处有些什么东西，还能听到十几只甚至二十只猴子的低吟。走到近前一看，却看不到什么东西，但依然能听到猴吟，只是看不到猴身。原来的书上说，这是这一年迁都难波[③]从而使板盖宫变为废墟的前兆。人们说这些猴子是伊势大神的使者。

板盖宫是皇极天皇的皇宫，也是中大兄皇子[④]和中臣镰足等人于645年6月暗杀苏我入鹿之地。同年12月，都城迁往难波。伊势大神一般被认为是天照大神的别名，而天照大神是日本神话中天界“高天原”的主神，是日本的太阳神，同时也是日本皇室的祖神。关于天皇与伊势大神或曰天照大神的关系，容下文另述。可以说，从“之兆也”等字眼可以看出，这段文字依然延续了前文政治预言的色彩，同时猴子也多了一种新的身份：神明使者。这一新的身份显然较之前的政治隐喻高出了不止一个档次，走向了神明侍奉者或曰准神明的地位，开始扮演神迹制造者或执行者的角色，离圣坛也越来越近。与最初作为狩猎对象的祖先相比，圣俗高下立判。

四、肉食禁忌与政教合一

《日本书纪》中猴子的“发迹”史并未就此结束，而是继续书写了新的篇章。世易时移，到了《日本书纪》中第40代天皇即天武天皇在位时，按照《日本书纪》卷第二十九“天武天皇”四年[⑤]四月十七日的记载，天皇发布了这样一条命令：

① 日本書紀（下）[M].坂本太郎，家永三郎，井上光貞，大野晋，校注.東京：岩波書店，1965：261.

② 645年。

③ 今大阪。

④ 后来的天智天皇。

⑤ 675年。

亦四月朔以後、九月卅日以前、（中略）且莫食牛馬犬猨鷄之宍。以外不在禁例。若有犯者罪之。[①]

意即四月一日到九月三十日之间，不得食用牛、马、狗、猴、鸡之肉，其他动物不在此限，违反者将被治罪。这条禁令显然对时间和所涉及的动物有所限制，看似简单，实则包含着诸多问题，颇耐人寻味。例如，为什么会发布这条禁令？为什么是四月一日到九月三十日之间？为什么是这五种动物？为什么其中会包括猴？以下尝试对这些疑问进行逐一分析。

关于禁令发布的原因，考虑到6世纪时佛教已传入日本，而且天武天皇是国家佛教的主要推动者，有不少论者提到该禁令受到佛教禁止杀生这一观念的影响。姑且不论佛教当时在日本的普及程度及天武天皇对佛教的态度，单从佛教“不杀生”的定义来看，其指的就是不能夺取一切众生的生命。正如梅原猛[②]所言，佛教是讲平等和慈悲的，平等指的是众生平等，慈悲说的是对所有人、对世间万物都要有怜悯之心，又怎么会在禁止杀生时分出三六九等呢？因此，至少仅从佛教禁止杀生的角度进行解释是难以站住脚的。

需要指出的是，《续日本纪》养老六年[③]、天平四年[④]、天平九年[⑤]等条目中也有对类似禁令的记载，并且这些类似的禁令发布前或发布时都有旱灾发生。据此可以推测，为了防灾可能会进行祈祷或祭祀，在此期间要避免有可能进一步触怒神灵的杀生、食肉等不洁行为。与此相关，虽然没有记载表明上述天武禁令发布前或发布时发生旱灾等灾害，但是根据《日本书纪》天武四年四月十日即禁令发布七天前的记载，天皇派人在龙田祭祀风神，在广濑祭祀大忌神即水神。这是《日本书纪》首次提到风神祭和大忌神祭，前者意在祈祷免受风灾水灾之害，后者则祈愿山谷之水滋润水田，以保五谷丰登。可以认为，如

① 日本書紀（下）[M].坂本太郎，家永三郎，井上光貞，大野晋，校注.東京：岩波書店，1965：419.

② 梅原猛.佛教十二讲[M].雷慧英，卞立强，译.成都：四川人民出版社，2008：29-30，64.

③ 722年。

④ 732年。

⑤ 737年。

果禁令和与灾害相关的活动之间存在联系，那么两书记载的禁令在政策出发点上存在相似性。显然，禁止杀生和食肉并不只是单纯因为受到佛教影响。

原田信男同样认为天武禁令不仅仅受到佛教思想的影响。他指出该禁令中两点比较重要，其一是作为日本主要狩猎对象的鹿和野猪不在禁令的约束范围内，其二是禁令限定的时间属于农耕期间。原田从日本古代稻米与肉食的对立关系出发，援引《日本书纪》和《古语拾遗》中的例子，称肉食妨碍农耕尤其妨碍稻米丰收的信仰在当时的社会已广泛存在，所以农耕时必不可少的牛马才会成为禁令适用的对象①。一言以蔽之，颁布禁令是为了促进农耕。天武天皇时期以天皇为中心的中央集权体制迅速发展，体现在经济基础方面就是大力推进农耕，将稻米视作至高无上的社会产品，千方百计保证其生产。延续至今的新天皇即位后以新谷祭祀天照大神等众神的仪式即大尝祭也在这时初具雏形，这是祭祀，更是政治，宣示了天皇的地位。正如日语中「政（まつりごと）」一词所体现的，まつり（祭）＋こと（事）＝まつりごと（政），政治和祭祀是密不可分的。这种政教合一常见于古代社会，包括上文提到的风神祭和大忌神祭，同样是一种政治地位和政治姿态的宣告。中央集权体制体现在宗教意识形态方面就是将佛教作为镇护国家的工具即国家佛教，确保国家安泰。换言之，原田认为天武肉食禁令是国家佛教促进农耕的具体体现。

不过原田的观点却不足以解释牛马以外的三种动物被列入禁令的原因。尽管他后来在另一篇论文中将其观点发展为“要避免吃有益动物的行为”②，但其所指过于宽泛，仍不能帮助我们有效地解释狗、猴和鸡为什么会出现在禁令中。当然，不能否认，作为家畜的狗和作为家禽的鸡对人类肯定是有益的，如《日本书纪》雄略十三年八月云“白狗暴出、逐大树臣”③，天武四年④正月十七日有“大倭国贡瑞鸡”⑤的记载，可见当时狗和鸡已是有益于人类的动物。

---

① 原田信男.米と肉の社会史—天皇・差別・国家領域—［J］.札幌大学女子短期大学部紀要, 1993, 21.

② 原田信男.中世における殺生観の展開［J］.国立歴史民俗博物館研究報告, 1995, 61：45.

③ 日本書紀（上）［M］.坂本太郎, 家永三郎, 井上光貞, 大野晋, 校注.東京：岩波書店, 1967：489.

④ 675年。

⑤ 日本書紀（下）［M］.坂本太郎, 家永三郎, 井上光貞, 大野晋, 校注.東京：岩波書店, 1965：417.

中村祯里对8世纪至14世纪日本有代表性的史书、地方志、歌集、说话集、物语等古文献中出现的哺乳动物做了统计，结果发现牛、马、狗、鹿、狐狸、猴、老鼠和野猪出现频度较高[①]。其中除狐狸和老鼠外，另外六种动物都曾在日本古坟时代被做成土偶。可以认为，在文献中出现频度较高并被做成土偶的动物与日本人生产生活的关系更为密切，这在一定程度上反映了日本人的动物观。如果从这六种动物中去掉鹿和野猪这两种日本历史上常见的狩猎对象，剩下的就是上述禁令中的前四种动物，也就是牛、马、狗和猴。如果再加上鸡，就是天武肉食禁令的全部五种动物。

那么，作为被提升保护级别的五种动物中唯一的野生动物，一度以食践稼蔬形象出现，显然不利于推进农耕的猴为什么会出现在保护名单之中？它有什么特别之处？背后有着天武天皇怎样的考虑？

日本绳文时代的贝冢中曾出土过大量猴骨，据此可以认为当时猴是日本人食用的对象。实吉达郎援引大场磐雄的观点称，猴被列为肉食禁令的对象一方面固然是受到佛教观念的影响，另一方面也是因为与人的相似性使人们在其身上看到一种敬畏之念或曰神性[②]。大贯惠美子提出，在日本，从出现定居和农耕的弥生时代开始，猴就已经是接近神灵的具有神性的动物，8世纪至13世纪中叶，猴主要以神与人之间的神圣中介这一身份出现，而随着定居和农耕文化的发展，日本人愈发认识到猴与人自身的相似性，因而不再将猴作为食用对象或主要食用对象。按照利奇的理论，吃与人相似的动物被视作禁忌。大贯的结论是，佛教在其传入初期对日本人思想结构的影响还很小，因此当时日本人对猴的看法和态度更多是受到日本古来固有世界观即猴的神圣性的影响[③]。

上文曾提到过皇极天皇的皇宫板盖宫附近出没的群猴是伊势大神的使者，这是对猴的神性的书面印证。其实伊势大神与肉食禁令的发布者天武天皇之间有着不同寻常的联系。伊势大神（天照大神）作为皇室祖神的地位自不必说，另据《日本书纪》天武元年[④]六月二十六日条记载，在壬申之乱中，天武

① 中村禎里.動物たちの日本史［M］.東京：海鳴社，2008：30-32.

② 実吉達郎.動物の日本史—日本人と歩んだ動物35—［M］.東京：新人物往来社，1973：115.

③ 大貫恵美子.日本文化と猿［M］.東京：平凡社，1995：66-69.

④ 672年。

天皇曾在伊势国朝明郡迹太川边遥拜天照太神即伊势神宫。作为旁证，《万叶集》卷二收录有柿本人麻吕悼念天武天皇第一皇子高市皇子的一首挽歌，其中提到壬申之乱中伊势神宫的神风对大海人皇子（天武天皇）的佑护[①]。此外，《日本书纪》天武二年[②]四月十四日条云："夏四月丙辰朔己巳、欲遣侍大来皇女于天照太神宫、而令居泊濑斋宫。是先洁身，稍近神之所也。"[③]此举开创了皇女奉祭天照大神之先例，可视作对伊势神宫在壬申之乱中的表现的回报或还愿。联系到前文所说猴子作为伊势大神使者的身份，其被列入肉食禁令名单也就不足为奇了。

据日本著名动物生态学家宫地传三郎研究，"日本猴的孕期一般为五个半月到六个月，约170～180天。（中略）产仔时间一般认为始于五月，不过也因群而异，从三月到八月不等"[④]。考虑到日本古代用的是古代中国的历法，天武肉食禁令所规定的四月到九月应大致相当于今天的公历五月到十月，这一时间段基本与猴的繁殖期重合。因此，无论天武天皇是否知晓这一生物学知识，都可以认为其发布的禁令在较大程度上避免了对猴的杀戮。

综上，无论是出于佛教禁止杀生的考虑，还是为了推进农耕，抑或是出于对日本皇室祖神天照大神的尊重，天武肉食禁令的政策出发点都是强调天皇制中央集权的神圣性和正统性，强调宗教镇护国家之作用，而被认为具有神性的猴正是这一政教合一背景的典型缩影。

小　结

文字编码的演变方面，日语中表示动物猴的汉字呈现出从多元并用到"猿"字一元独大的局面，这是日本古代"言灵"信仰与中国古代猿猴观共同作用的结果。

古代早期经典方面，通观《日本书纪》，猴在出现之初便与天皇的政治

---

① 万葉集（一）［M］．高木市之助，五味智英，大野晋．東京：岩波書店，1957：110-111.

② 673年。

③ 日本書紀（下）［M］．坂本太郎，家永三郎，井上光貞，大野晋，校注．東京：岩波書店，1965：413.

④ 宮地伝三郎．サルの話［M］．東京：岩波書店，1966．97-98.

活动及神灵祭祀有着密不可分的联系，其后更是以政治隐喻的形式出现在谶谣等政治预言中，甚至被抬高到日本皇室祖神使者的地位；在政教合一色彩尤为强烈的天武天皇时代，出于维护天皇制中央集权体制的神圣性和正统性的需要，并发挥佛教等宗教镇护国家的作用，猴还被列为禁止猎杀和食用的五种动物之一，其与政治的联系愈发紧密，神圣地位也得到进一步巩固。不过，考虑到本书将分析文本限定在《日本书纪》这一日本最早的敕撰正史上，而且主持编纂该书者政治立场倾向较为明显，因此很难说涵盖了猴与政治叙事关系的全部内容。今后将继续扩大文本分析的对象，对该问题做更深入更全面的研究。

无论是文字编码方面用“好字”表示猴，还是《日本书纪》中猴表现出的神圣性，某种意义上都可以说是对始于绳文时代后期的对猴的原始崇拜的延续，同时也表现出猴形象新的内涵。

第三章　口传文艺：日本说话文学中的猴形象

口传文艺更多是面向民众的，因此通过分析广受民众欢迎的口传文艺，可以窥见民众的嗜好，了解其对包括猴在内的某些特定事物的态度或倾向。

作为口传文艺，“说话”[①]一词无疑是对自身口传性质的最好阐释，尤指神话、传说、童话等的总称。说话文学是日本较早被记录下来的口传文艺。

据《广辞苑》（第六版），日本的说话文学是指以神话、传说、童话等为素材的具备文学的内容和形式的一种文学体裁。广义的说话文学也包括日本上代的叙事文学，但更常用的是狭义，指的是兴起于平安时代，盛行于镰仓时代，式微于室町时代的“说话”的集合即“说话集”这一文学样式。换言之，文学性较高的“说话”或说话集即为说话文学。从内容上看，说话文学可以分为世俗说话和佛教说话两种。

在以风花雪月、风雅、物哀为基调的古典传统文学观框架内，说话文学的文学性或价值显然难以得到承认，甚至根本不在评价范围内。直到藤冈作太郎的《国文学全史——平安朝篇》才勉强承认说话文学的集大成之作《今昔物语集》作为资料的价值，即从中可以看到当时社会的风俗和大众的思想。

1927年，芥川龙之介在新潮社《日本文学讲座》上发表《今昔物语鉴赏》，肯定其野性之美，称其是一种与优美或奢华无缘的美，其后说话文学的文学性才得到承认[②]。

按照永积安明等的说法，古代末期到中世的日本文学，与“说话”有着广泛而又深刻的联系，这种联系改变了文学的性质，扩大并更新了文学的受众，这意味着作为中世文学得以成其为中世文学的一个要素，说话文学的作用

① 由于中文中没有与“说话”或“说话文学”完全对应的说法，为行文方便起见，本书权且使用日文原词。

② 東中川かほる.今昔物語集巻28にみる笑い［J］.笑い学研究，1996，3：35.

是决定性的[①]。

本章将选取日本最早的说话集《日本灵异记》、质量和数量均为一流的说话集《今昔物语集》和体量仅次于《今昔物语集》的《古今著闻集》作为典型文本，按成书时间顺序解读其中的猴故事，梳理其中的猴形象，分析其背后的文化意蕴。

第一节 《日本灵异记》中的猴

《日本灵异记》全称为《日本国现报善恶灵异记》，简称《灵异记》，为奈良药师寺僧人景戒用日式汉文所撰，成书于平安初期，共上、中、下三卷，计116篇，按时间顺序收录了从奈良时代到弘仁年间的朝野异闻，尤其是以因果报应为主的“说话”，是日本最早的成系统的说话集，也是日本最早的佛教说话集。

关于《日本灵异记》在文学史上的地位，黑泽幸三曾举出西乡信纲《日本古代文学史》中相关记载不足一行的例子，认为《灵异记》没有得到足够的重视，而且与同是说话文学的《今昔物语集》及中世以后的说话集相比，戏份也不足。黑泽指出，《灵异记》虽然存在大多从佛教视角看待出场人物、离真正的细节描写尚有差距等问题，但会考虑如何尽量有趣地讲述故事，以吸引听者的兴趣，这可以说是一种文学上的考量。更重要的是，其描写的是一群活生生的人，展现了他们的挣扎、斗争和憧憬，明显不同于《古事记》《日本书纪》《风土记》等的官方色彩。[②]换言之，描写的对象从神的世界转向了人的生活，关注的视角从云端落到了地面，其意义无疑是巨大的。

《日本灵异记》中与猴相关的故事共有3则，其中上卷1则，下卷2则。以下依次对这3则故事进行论述。

第一则猴故事为上卷第十八《忆持法花经现报示奇表缘》[③]。严格来讲，这则故事中出现的并不是作为动物的猴，而是作为文字的“猴”。当然，也不

① 古今著聞集［M］.永積安明，島田勇雄，校注.東京：岩波書店，1966：3-4.

② 黒沢幸三.『霊異記』の文学史的位置［J］.日本文学，1975（6）：36-45.

③ 景戒.日本古典文学大系70　日本靈異記［M］.遠藤嘉基，春日和男，校注.東京：岩波書店，1967：112-116.

是跟动物猴完全没有关系。因为这里的“猴”是主人公前世父亲的名字，而古代与十二生肖相关的人名不在少数[①]。作为人一生中最重要的符号之一，名字无疑具有重要的意义。这则故事中，主人公前世父亲名“猴”一事或许可以这样解释：其一，主人公前世父亲的生肖是猴；其二，由于日本猴繁殖能力强，绳文时代后期已出现对猴的原始生殖崇拜[②]，以“猴”命名当有祈愿当事人健康成长之含义。无论是哪种可能性，或者说即使存在别的可能性，也不能否认一点，那就是这则故事中作为名字的“猴”应该不是贬义。

第二则猴故事为下卷第十九《产生肉团之作女子修善化人缘》[③]。与上例相同，这里出现的也不是作为动物的猴，而是愚俗人等嘲笑产自肉球的女子时的称呼——猴圣。说“圣”是因为她七岁以前即可诵读《法华经》和八十卷《华严经》，出家后修善化人，应无可嘲之处，故问题应出在“猴”字上。该女子身体异于常人，只有尿道口而无女阴，应该是这一点让嘲笑她的人联想到了似人而又非人的猴子。将“猴”和“圣”放在一起，愚俗人等的嘲笑看似有道理，反观之却未必。因为他们眼中不值一提的“猴”一般的女子也能通过诵经化人、成圣，这恰恰证明了佛教的力量，也正是撰者景戒期待的题中之义。

第三则猴故事为卷第二十四《依妨修行人得猴身缘》[④]，故事梗概如下：

近江国野州郡有个多贺神社，神社旁边有个佛堂，大安寺僧人惠胜曾在这个佛堂居住修行。一日惠胜梦见有人请他为自己读经，第二天就有一只小白猴来请他读《法华经》。小白猴说自己原是东天竺国的大王，看到侍奉僧人的农人的数量太多而对其设限，但并未禁止修行，却依然被认为间接妨碍了修行，结果托生为猴，成为该神社的祭神。为了脱离猴身，小白猴请惠胜为自己读《法华经》。惠胜说没有供品不能读经，小白猴说浅井郡的满预大法师要讲《六卷抄》，自己可以作为施主提供援助。惠胜心下诧异，前去确认，结果满预认为猴言不可信，没有答应小白猴的请求，转而去做讲经的准备。这时有人

① 景戒.日本古典文学大系70　日本靈異記［M］.遠藤嘉基，春日和男，校注.東京：岩波書店，1967：114.

② 见本书第一章第一节。

③ 景戒.日本古典文学大系70　日本靈異記［M］.遠藤嘉基，春日和男，校注.東京：岩波書店，1967：368-372.

④ 景戒.日本古典文学大系70　日本靈異記［M］.遠藤嘉基，春日和男，校注.東京：岩波書店，1967：384-389.故事梗概系笔者据原文总结而成。

来报，说小白猴在佛堂轻易就让九间大堂倾倒，佛像皆损，僧众俱倒。满预和惠胜这才相信小白猴的话，满足了其愿望。

这个故事意在借东天竺国的大王托生为猴一事说明不可妨碍修善道，否则即使是王也会遁入畜生道。小白猴虽贵为神社的祭神或曰猴神，却希望通过读《法华经》脱离猴身，脱离畜生道①。这一方面反映出僧人景戒把人道和畜生道分得很清，把猴看作是低人一等的存在，另一方面也彰显了读经的巨大效用。故事中惠胜和满预一开始没有回应小白猴的向佛之心，导致佛堂损坏，这同样是妨碍修善道的表现。

如表3.1所示，总体来看，《日本灵异记》中与猴有关的三则故事均与佛教相关，具体表现在前世、出家、读经等关键词上。至于对猴的态度或曰其中的猴形象，第一则故事虽未明确表达，但从以“猴”为名背后可能存在的生肖文化内涵和原始生殖崇拜来看，可以看作是正面评价，至少没有贬斥之意；第二则故事嘲笑女子的相貌丑陋似猴，涉及猴常为人诟病的生物学特征；第三则故事虽有对作为祭神的小白猴欲脱离猴身、脱离畜生道的描写，主要也是为宣扬佛教六道轮回的观念服务的，对猴本身并没有贬低之意。可以说，除生物学特征外，《日本灵异记》对猴的描写整体尚属正面。同时应该认识到，佛教六道轮回的观念已经对人与猴地位的认识产生影响，这种影响甚至体现在猴神身上。

表3.1　《日本灵异记》中的猴形象②

序号	章节	与佛教有关否	是否强调故事真实性	猴的角色
1	上卷 第十八	有：涉及前世、《法华经》等	是，有明确的地点	主人公前世父亲的名字
2	下卷 第十九	有：涉及诵经、出家等	是，有明确的时间和地点	用来形容女子的长相丑陋，似人非人
3	下卷 第二十四	有：涉及修行、读经等	是，有大致时间，有明确的地点	欲脱离猴身的猴神，可托梦，有神力

① 六道包括地狱道、饿鬼道、畜生道、修罗道、人道和天道。畜生道为恶道，相较之下，人道属于善道。

② 本章表格均为笔者据文本绘制而成。

第二节　《今昔物语集》中的猴

《今昔物语集》通称《今昔物语》，是平安后期的说话集，也是日本古代规模最大的说话集，具体成书时间①和编者均不详。全书原有31卷，其中天竺（印度）5卷（1～5），震旦（中国）5卷（6～10），本朝（日本）21卷（11～31）。由于第8卷、18卷和21卷缺失，故现存28卷。包括仅存标题或仅存标题和部分正文的“说话”在内，共收录了1059则故事。由于各则故事均以“今ハ昔”②开头，故名“今昔物语集”。文体为用汉字和片假名混合写就的宣命体，是和汉混成文体的先驱。《今昔物语集》在质量和数量上都超越了之前的说话集，对芥川龙之介、梦枕貘等日本近现代作家的创作也产生了较大影响③。由于本书的研究对象限定在日本范围内，故此处暂不着重论述印度和中国方面的猴故事，而是重点对“本朝”即日本部分中涉及的猴故事进行分析。具体而言，“本朝”部分共出现了3则猴故事，其中第二十六卷有2则，第二十九卷有1则。以下对这3则猴故事进行具体解读。需要预先说明的是，由于后文要涉及第二十六卷两则“惩治猴神”型故事的比较，所以故事梗概会尽量详细。

第一则故事为在本朝世俗部卷第二十六第七话④，梗概如下：

美作国（今日本冈山县东北部）有中参和高野两个神，神体分别是猴和蛇。当地必须将未出嫁的（活人）少女供献祭给神明，这是一直以来的风习。少女自被选中之日起的一年内，必须由所在人家好生照料，以备第二年献祭。这一年被选中的女孩正值十六七岁，是父母的掌上明珠，被选中后一家人无限悲伤，每日以泪洗面。这时一个饲狗打猎的勇猛无比的外地人来当地办事，听

---

① 有1120年以后、12世纪初、12世纪上半叶等诸说。

② 意为“现在说起来已经是以前的事了”。

③ 芥川龙之介的《罗生门》和《芋粥》取材于《今昔物语集》，梦枕貘的《阴阳师》系列多有取材于《今昔物语集》者。

④ 新潮日本古典集成　今昔物語集　本朝世俗部二［M］.阪倉篤義，本田義憲，川端善明，校注.東京：新潮社，1979：130-137.

说了这件事。猎人看到女孩愁眉不展的样子，觉得很是可怜。女孩的父母只是感叹上辈子造了什么孽，却无计可施。猎人说不能坐以待毙，自己愿意代替女孩去做活人祭。女孩的父母按猎人的要求对外隐瞒了猎人来过的消息，促成女儿和猎人结婚。猎人从自己的猎狗中选出两条最出色的，训练它们对付猴子，自己也磨好了刀。猎人表示自己死不足惜，但与妻子分开让人难过，妻子也很悲伤。献祭的日子到了，猎人带着刀和两条猎狗进入神职人员带来的长箱子里。猎人从箱子的缝隙里看到一只大猴和它的百余随从。在猴子们打开箱子的一瞬间，猎人跳出，并命令猎狗出击。猎狗将大猴击倒，猎人顺势将其捉住，把刀架在大猴的脖子上。大猴流泪求饶，猎人不允，说“你要是神就杀了我”，说完依然把刀架在大猴脖子上。与此同时，两条猎狗也猎杀了众多猴子，侥幸逃掉的要么上了树，要么藏到了山里。大猴附到神职人员身上，表示今后再也不用活人献祭，再也不伤生灵性命，并且不会报复猎人一家。猎人依然不允，说自己是代众人杀猴，为此不惜同归于尽。直到大猴借神职人员之口发了毒誓，猎人才放过它。猎人回来和妻子及其家人团聚，故事最后说这都是前世修来的果。

因与第八话有诸多可比较之处，因此将在第八话梗概后一并论述。

第二则故事为本朝世俗部卷第二十六第八话①，梗概如下：

一个云游僧在飞騨国（今日本岐阜县北部）的深山里迷了路，想前进却有瀑布阻挡，想后退又不记得来路。正进退两难时，后面走来一个挑东西戴斗笠的人，用异样的眼神看云游僧。僧人向他问路，他也不回答，而是走向瀑布，并跳了下去，然后消失不见。僧人怀疑这人是鬼，愈发恐惧，心想既然逃不掉，还不如在被鬼吃掉之前跳入瀑布自行了结，因为死了再被鬼吃掉也不会觉得痛苦了。跳下去之后才发现，瀑布只有一重，就像水帘一样挂在那里，瀑布往里有路，沿着路一直走下去又有一条经过山下的小路，走到头就是人居住的地方，有很多人家。僧人还来不及高兴，就被一个突然跑来的穿浅黄色衣服的长者抓住，长者嘴里说着“去我家，请”。这时又从四面八方来了很多人，嘴里也说着“去我家，请”， 都来抢这个僧人。僧人一头雾水，众人争执不

① 新潮日本古典集成　今昔物語集　本朝世俗部二［M］.阪倉篤義，本田義憲，川端善明，校注.東京：新潮社，1979：137-154.

下，闹到了郡司家里。之前挑东西戴斗笠的人指着穿浅黄色衣服的长者，说僧人是自己从日本带过来给长者的，于是郡司据此做了裁定。长者安慰僧人说当地是个很惬意的地方，可以过得很舒服。长者对僧人好生招待，还将女儿许配给他。僧人别无他法，只好答应。衣食无忧和朝夕相处让僧人和妻子感情渐深，如此过了八个月之后，妻子开始面露愁容，在父亲劝僧人多吃、吃胖时甚至会哭。僧人问起，妻子也只说是自己多愁善感。僧人有一天偷听了岳父和来客的对话，更是心生疑窦，于是问妻子，妻子却欲言又止。献祭临近时，每家都开始准备好吃的，妻子的哭泣和叹息比往日更甚。僧人说妻子有事瞒着自己，再次追问，妻子说不是要瞒着他，只是因为能在一起的时日不多，所以反而后悔有如此和睦的关系。僧人说没有什么事比死更大，而死又是不可避免的，所以尽管说出来。妻子终于说出当地每年要向神灵献祭又白又胖的活人，否则庄稼就会歉收，人就会生病，村子就会不得安宁，而僧人正是被骗来代替自己做活人祭的。僧人听后认为不是什么大事，让妻子不必担心，并在问明献祭的流程和神灵的真身之后，让妻子帮自己准备一把良铁锻造的短刀。献祭日的七天前，家家都挂上了稻草绳，作为祭品的人，本身则要斋戒。献祭当天，僧人沐浴更衣后和岳父一同骑马前往山中的大神殿。众人在神殿前吃饭喝酒，舞乐结束后僧人被放到案板上，不能动也不能说话。准备停当后活人祭品以外的所有人退场，多座神殿的门陆续打开，猴子们也相继出来了。随着猴神一声令下，“刀斧猴”持刀砍向案板上的活人祭品。几乎同时，僧人取出藏在胯下的短刀控制住猴神，其他猴子瞬间作鸟兽散。僧人捆住猴神和其他几只从犯猴，放火烧了它们的神殿。由于献祭后要闭门斋戒三天，所以人们看到火光也不知道发生了什么。于是僧人绑着猴神和其他几只猴子押到村子里，先后叫开岳父和郡司家的门，当众历数猴神的罪恶，施以拧耳朵、刀箭威胁、杖责和反复警告。猴神表示愿敬僧人为神，只求活命，而后才被放生。僧人成了当地的首领，不时还会秘密去往外面的世界，而外界的人没有去往当地的。故事最后说，僧人误入“异乡”，废止活人祭并在当地定居，这一切都是前世的果报。

卷第二十六的第七话和第八话不同之处颇多，以下试作部分列举。如前者的主人公是自异乡来的猎人，后者是来到异乡的云游僧；前者早早地就了解到情况，主动代替女孩去做活人祭，后者则是在被“拉郎配”后逐步了解到相关情况，进而选择代替女孩做活人祭；前者的计划得到了女孩一家的帮助，后者则只有妻子提供了一把刀。前者有猎狗的帮助，后者则是只身前往；前者被装在长箱子中抬走，后者则骑马前往；在对活人祭的要求上，前者要求是未出嫁的少女，后者则不同，甚至不论性别，证据就是云游僧到来之初被哄抢，后来被“判”给浅黄色打扮的长者；前者在一个神社献祭，后者则涉及多座神殿；前者猴神通过附在神职人员身上向猎人求饶，后者猴神则直接和僧人沟通；前者猴神除了被刀抵住脖子，发誓不再要求用活人献祭外，并未受到实质性伤害，后者猴神除了被僧人拿刀和弓箭威胁，还和主要从犯猴一起被用绳子绑住，甚至被杖责二十；前者猴神以外的猴子死伤众多，逃走者少，后者从犯的猴子大部分一开始就作鸟兽散；前者的神职人员是人，后者是猴；前者献祭前后和献祭当天无太多特殊要求，而后者从献祭日的七天前开始，家家都要挂稻草绳，作为祭品的人要斋戒，献祭当天还要沐浴更衣，献祭后村民需要斋戒三天；前者惩治猴神后，至少其岳父一家是喜不自胜的，后者除僧人妻子外，村民一度担心云游僧报复。在故事的展开方式上，前者先讲述当地的活人祭传统，多平铺直叙，后者则先描述僧人如何来到“异乡”，随着故事情节的发展逐个解开悬念，在故事讲述上更具技巧，引人入胜；前者篇幅较短，点到即止，后者篇幅更长，叙述更详细。

尽管存在着诸多细节上的不同，但是这并不妨碍两个故事在本质上的相通之处。如内核上都属于“惩治猴神”型故事，都出现了“异乡”，主人公都是当时外部力量的代表，故事结尾都强调前世的果报等，以下分述之。

首先来看作为故事类型名称的关键词“惩治猴神”。身为“猴神”却被“惩治”，这可能吗？为什么惩治？由谁如何惩治？这种惩治意味着什么？貌似不可思议的惩治背后，实则涉及“异乡”、神性失落等诸多问题。

从语义看，“惩治”的日文为“退治（する）”，而无论查哪本日语辞典，“退治（する）”的对象都是恶的东西或有害的东西。因此，猴神被惩治，意味着猴神代表着恶，或者是带来了什么危害。

从信仰背景看，作为有着泛神论或曰万物有灵论信仰的民族，日本的神灵号称有八百万之众。“八百万”应为虚指，但却很好地表达出泛神论在日本的广泛而深刻的影响。《人类简史》的作者尤瓦尔·赫拉利称：“泛神论的一

个特点，在于所有的灵都位于当场当地，不是什么万能的神。”[①]从这一意义上说，“猴神”被“惩治”也并非什么不可能的事。

柳田国男指出：“不论哪个民族，旧信仰在新信仰的压力下败下阵来时，旧信仰的神都会跌落神坛，成为妖怪。”[②]具体到这两则“惩治猴神”型故事，旧信仰无疑是用活人献祭神灵，而固执于这一要求的猴神就是“妖怪”，是要跌落神坛的。那么新信仰又是什么呢？旧信仰“败下阵来”意味着活人祭的合法性被推翻了，也就是说不能再把活生生的人献祭给已经妖化的神灵。由此可推知，新的信仰应该是对活人生命的尊重和信仰。结合说话文学产生的时代背景来看，甚至可以更确切地说是对普通人生命和生活的推崇。

必须指出，旧信仰一度也是共同体内部认可的信仰，在一定时间内，其存在是具有合理性的。按照佐佐木孝二的说法，“共同体是认可传统的共同幻想的人的集合，没有选择其他生活的余地。这是一种规范集体的思维和行为模式的共同幻想，通过遵守它，人们得以维系共同体的存在和繁荣至今”[③]。这里的“共同幻想”显然就是共同体内部的旧信仰。世易时移，当这种信仰徒具形式，不再具有当初的效用，而只会造成一桩又一桩个人和家庭的悲剧时，人性的自觉会让共同体内部成员对这一信仰产生怀疑甚至不满。考虑到共同体强大而无形的压力，这种怀疑和不满应该不会公开表露出来，当事人轻易也很难自绝于共同体之外，所以只能无奈地看着新的悲剧继续上演，而外部力量的到来无疑为打破这种的腐朽秩序提供了契机和新兴力量。

通过故事我们已经得知，对猴神的“惩治”正是来自外部闯入或误入的猎人或僧人，两者都可看作当时外部社会有力量者的代表，前者拥有武力，后者则是佛教信奉者和精神救赎者的象征。想来由他们惩治猴神倒也顺理成章，因为在“猴神”占据共同体或曰“异乡”内部最高权威的情况下，只有外部力量才有可能构成对“当场当地”神灵的威胁，进而打破既有的不合理秩序。同样借用佐佐木孝二的说法，惩治猴神的必须是与原共同体的共同幻想无涉的共同

① 尤瓦尔·赫拉利.人类简史：从动物到上帝［M］.林俊宏，译.北京：中信出版社，2017：52.

② 柳田国男.定本柳田国男集5［M］.東京：筑摩書房，1962.

③ 佐々木孝二.零落した神々の伝承［J］.日本文学，1982（4）：41.

体外部的人[①]。换言之，就是共同体新信仰的代表者，是“异乡”的解放者。

“异乡”即“边地”[②]，这符合一个闭塞的旧共同体的形象。严格来讲，“异乡”是相对的，可以包括两种情况，一种是来到“异乡”，另一种是来自“异乡”。第七话倾向于后者，第八话倾向于前者。当然，并不是说可以这样截然划分，只是因为第七话提到猎人来自东方，而第八话言及僧人来自日本。这里从非共同体族类的外部力量来到共同体打破旧信仰这一故事内核考虑，将“异乡”定义为第一种情况，即来到“异乡”。从这一意义而言，第八话故事发生的舞台较第七话具有更强烈的“异乡”色彩。

第八话故事开篇的描写颇有几分桃花源的意味。不同之处在于，最后来自外部的僧人改变了当地的秩序，当地并没有“不复得路”，而且僧人时不时还会秘密到外界去。所以，属于有限的与世隔绝，而不是典型的桃花源。非但不是桃花源，对当地人来讲反而是牢笼一般的存在，某种意义上不如说是“反桃花源”，是野蛮的化外之地。云游僧跳入瀑布之前的世界被称为“日本”，跳入瀑布之后的地方则是“异乡”，这说明作者还是把“异乡”作为“日本”的他者来看待的，属于对异域的一种认知。僧人去了“异乡”之后，惩治了猴神，废除了活人祭这种落后的做法，“异乡”这才变成某种意义上的“桃花源”。结合故事最后把这一切归结为前世的果报这一点来看，作者应该是想强调佛教的教化作用。更进一步说就是，在佛教面前，没有化外之地。

当我们回看故事的主题“惩治猴神”时，不能去不思考这种对猴神的惩治究竟意味着什么。首先当然是猴神神性的失落。本书第二章第二节曾论及《日本书纪》中猴作为日本皇室祖神使者的地位，以及天武天皇时代猴被列入禁猎禁食名单，本章前节《日本灵异记》下卷第二十四《依妨修行人得猴身缘》中也有作为神社祭神的小白猴出现，这些都是猴地位的表征。当然，其实从《灵异记》中的小白猴身上已经可以看出猴神地位变化的一些端倪。具体表现在作为猴神的小白猴不以猴身为荣，反而希望通过请僧人帮自己读经而脱离猴身（即畜生道）。不知是否存在《今昔物语集》的撰述者为了夸大佛法的力

① 佐々木孝二.零落した神々の伝承［J］.日本文学，1982（4）：42.

② 新潮日本古典集成　今昔物語集　本朝世俗部二［M］.阪倉篤義，本田義憲，川端善明，校注.東京：新潮社，1979：137.

量而崇佛贬神的可能性，不过比起这种可能性，应该有更合理的解释。该故事中曾提到神社旁边有佛堂，这应是基于“神佛习合”的本地垂迹的表现[①]。所以，仅就《灵异记》中的这个故事而言，与其说猴神的地位下降云云，不如说是佛教的影响扩大了，大到猴神都想通过读经脱离猴身。

如果说《灵异记》中作为猴神的小白猴尚有托梦和轻易就让九间大堂倾倒、佛像皆损、僧众俱倒的神性和神力，那么三百年[②]后《今昔物语集》第七话和第八话中的猴神则已相去甚远，第一时间就被伪装为祭品的猎人或僧人控制住，毫无还手之力，为了保命，或流泪，或发毒誓，或敬对方为神，作为动物的求生本能显露无遗。无论第七话中猎人那句颇耐人寻味的“你要是神就杀了我”[③]，还是第八话中僧人的烧神殿、拧耳朵、刀箭威胁、杖责和反复警告等行为，无疑都是典型的对神的怀疑、挑战乃至亵渎，猴神对此却均无力回应，只求保命。这两则故事中的猴神显然已丝毫不具备神应有的神性、能力、胆魄等，其反应甚至与普通的猴子无异。神性失落至此，旧的共同体自然再无维系之必要。

可以说，在“惩治猴神”型的故事中，猴神的神性失落，神圣外衣褪去，动物性回归，俨然已是落魄的旧神；猎人或僧人是来自外部的战胜了旧神的人，代表着人主体性的觉醒和人的地位的上升。至于造成人神易位的原因，《今昔物语集》的结论都是前世的果报。也就是说，不论是人的善果还是猴神的恶果，都是前世种下的。这无疑也把猴神纳入了佛教理论的空间，同《日本灵异记》类似，也是佛教影响力增强的表现。

这里想顺便提及的是，镰仓初期的说话集《宇治拾遗物语》第十卷第六话同样属于“惩治猴神”型故事，其情节与《今昔物语集》卷第二十六的第七话大体相同，只在个别细节上存在出入，具体表现为活人祭品选择标准的细致程度和猴神被惩治后的不同归宿。《今昔物语集》卷第二十六第七话只要求是未出嫁的少女，《宇治拾遗物语》则在此基础上提出了更多细节的要求，如貌

① 景戒.日本古典文学大系70　日本靈異記［M］.遠藤嘉基，春日和男，校注.東京：岩波書店，1967：384.

② 单纯按成书时间之差计算。

③ 新潮日本古典集成　今昔物語集　本朝世俗部二［M］.阪倉篤義，本田義憲，川端善明，校注.東京：新潮社，1979：135.原文为「神ならば我れを殺せ」。

美、发长、肤白、可爱等；《今昔物语集》中的猴神几番乞求之后终于得以活命，逃入深山，而《宇治拾遗物语》中的猴神也是几次求饶，而且还提出要保佑猎人的子子孙孙，最后献祭得以保留，只不过祭品由活人变成了野猪和鹿之类的动物，这两种动物正是日本历史上常见的两种狩猎对象。这当然可以理解为猴神尚存的最后一丝颜面，而野猪和鹿替代人成为献祭物也明显体现出人的地位的上升。

第三则猴故事为本朝世俗部卷第二十九第三十五[①]，梗概如下：

九州一女子带着两岁的孩子和邻家女子去靠山很近的海边捡贝壳的时候，看见一只猴子被一只大沟贝夹住了手。邻居想趁机用石头砸死猴子吃猴肉，女子好说歹说抢下了石头，又找来木头插入沟贝嘴里，拽出了猴子的手。女子心想救了猴子也不能杀了沟贝，所以尽管自己原本是来捡贝壳的，还是把沟贝埋进了沙子里。谁知猴子竟抱起女子放在旁边石头上的孩子往山里跑去，女子和邻居只好在后面追。女子和邻居追得紧，猴子就跑得快；女子和邻居一慢下来，猴子也相应地慢下来。到了山里的一棵大树前，猴子抱着孩子爬了上去，女子望树兴叹，邻居则回去喊女子的丈夫来帮忙。猴子一边抓住一根大树枝，一边把孩子夹在腋下摇来晃去，惹得孩子大声哭泣。刚停止哭泣，猴子就又把孩子弄哭。孩子的哭声招来了鹫。女子哭得更绝望了，心想自己的孩子就算不被猴子带走，也会被鹫捉走。这时只见猴子把大树枝抓得更紧，冲着鹫弹了出去，这一下正好打到鹫头上，将其击落。然后猴子又抓住树枝把孩子弄哭，再次击落闻声飞来的鹫。女子这才明白猴子不是要抢自己的孩子，而是要用击落的鹫来报答自己的救命之恩。猴子如法炮制，击落了五只鹫。然后沿着别的树下来，把孩子轻轻地放在树根处，放好后自己又上了树。这时孩子的父亲气喘吁吁地赶来，而猴子则消失在树林深处。女子对丈夫讲了猴子的真实用意，丈夫也感慨不已。男子剪了鹫的尾羽用来卖钱，然后和妻子、孩子一起回了家。故事指出猴子这样的禽兽尚且知恩图报，人更应如此，最后对猴子的精心设计表示感佩。

毋庸赘言，这是个猴子报恩的故事，与前两则故事中“猴神”索要活人

---

① 新潮日本古典集成　今昔物語集　本朝世俗部四［M］.阪倉篤義，本田義憲，川端善明，校注.東京：新潮社，1984：140-146.

当祭品的形象形成鲜明对比。已有学者论及鹫羽之贵重，称其常用于弓箭等的装饰[①]，猴子借孩子的哭声招来并击落鹫无疑是对善良女子的重重报答，猴子的智慧在这里得到了细致的刻画。需要注意的是，这则故事中鹫并没有被击杀，而只是被女子丈夫剪了尾羽换钱，这与女子救猴子而不杀沟贝的情节相呼应，应是佛教不杀生观念的体现，撰述者的匠心也由此可见一斑。

如下表所示，综观《今昔物语集》中的3则猴故事，有2则属于"惩治猴神"型故事，1则属于猴子报恩型故事，3则故事都以教化为目的。2则"惩治猴神"型故事虽在诸多细节上存在差异，但都属于"异乡人"借献祭活人祭品的机会惩治神性已趋向失落的"猴神"的故事，而且结尾均提到一切都是前世的果报，佛教的教化意义明显。另外1则猴子报恩型故事除了表现出猴子的智慧和知恩图报，还借此发挥，指出人应该比身为禽兽的猴子做得更好，其教化之意也自不待言。

表3.2　《今昔物语集》中的猴形象

序号	章节	与佛教有关否	是否强调故事的真实性	猴的角色
1	卷第二十六第七话	有：涉及前世的果报	是，有明确的地点	强要活人献祭，后被猎人制止。神性失落，动物性回归
2	卷第二十六第八话	有：涉及僧人、前世的果报等	是，有明确的地点	强要活人献祭，后被僧人制止。神性失落，动物性回归
3	卷第二十九第三十五话	疑似有关：涉及不杀生、报恩等	是，有明确的地点	被沟贝夹住，被女子救出，后击鹫报恩

① 新潮日本古典集成　今昔物語集　本朝世俗部四［M］.阪倉篤義，本田義憲，川端善明，校注.東京：新潮社，1984：145.

第三节 《古今著闻集》中的猴

《古今著闻集》简称《著闻集》，是橘成季编纂的镰仓时代的说话集，1254年成书，计20卷30篇，收录了自平安时代中期至镰仓时代初期日本的“说话”700余话，其体量在所有说话集中仅次于《今昔物语集》。书名应是作者对《古今和歌集》的致敬，有自诩实录和“说话”方面的《古今集》之意[①]。除序、目录和跋用汉文写就外，正文采用的都是汉字假名混成文体。《古今著闻集》中的猴故事都出现在卷第二十（鱼虫禽兽第三十）中，以下对其中的各则猴故事均先略述梗概，而后再进行分析。

六八〇话[②] 越后国乙寺有位僧人，朝夕诵读《法华经》，引来两只猴子倾听。两三天后僧人问猴子来是不是想请他抄经，两只猴子双掌合十，对僧人顶礼膜拜。又过了五六天，几百只猴子背来了抄经用的树皮，放在僧人面前。于是僧人开始抄经，两只猴子则每天拿来野果给僧人吃。到第五卷的时候，不见两只猴子再来，僧人觉得不对，就漫山寻找。最后在山的深处发现两只猴子头朝下脚朝上死在一个坑里，旁边是一些红薯。原来两只猴子是在挖红薯的时候把坑挖得太深，掉在了坑里出不来，最后困死在里面。僧人很悲伤，埋葬了猴子的尸体并为它们超度，回去后把没写完的经书供在寺庙里佛像前的柱子里。四十余年后，朝臣纪躬高做了越后国的长官，来到乙寺，问庙里是不是有没抄完的经。当年抄经的僧人依然健在，讲了经的来龙去脉。纪躬高非常高兴，说自己就是当年的猴子，是经的力量让自己变成了人身，于是又抄了三千部经。

如果说《日本灵异记》下卷第二十四话中小白猴还处于抱有期待脱离猴身、脱离畜生道的愿望这一阶段，那么本则故事里的纪躬高就已经在现身说法了，他说的是佛法的力量，是抄佛经的效用。具体而言，这个故事的重点显然在于说明猴子也有向佛之心，而且心足够诚的话猴子也可以修成人身，可以从畜生道升至人道，即由恶道转入善道。这则故事对抄经和佛教的推崇不言而喻。

① 古今著聞集［M］.永積安明，島田勇雄，校注.東京：岩波書店，1966：9.

② 同①，512-513页。

六九七话[①] 文觉上人在清泷川上游看到三只猴子，其中一只在石头上一动不动，另外两只则退到附近。这时一只乌鸦飞到一动不动的那只猴子旁边查探虚实，猴子依然不动，像死了一样。正当乌鸦要有进一步行动的时候，猴子突然起身抓住了乌鸦的脚，另外两只猴子也出来帮忙，把一条长长的藤蔓（麻绳）系在乌鸦脚上，乌鸦欲飞而不得。然后猴子们把乌鸦扔到河水里，一只猴子负责抓住藤蔓的一头，另两只准备接乌鸦捕的鱼。原来猴子看到人用鸬鹚捉鱼，想如法炮制，于是用计捉了乌鸦当鸬鹚用，结果乌鸦死了，猴子们只得放弃。文觉上人亲眼看见了整个过程。

乌鸦在日本被认为是神鸟，是一种很聪明的鸟。乌鸦被猴子捉住，说明了猴子的智慧非同一般。不过，猴子认识不到乌鸦不同于鸬鹚，捕不到鱼，这表现出猴子的极限，说明其智慧还是不如人的。在人看来，猴子作为像人而又非人的存在，是再合适不过的“他者”。

六九八话[②] 常陆国多贺郡有位上人养了一只大猴子。有一天，上人要抄《法华经》，说猴子帮不上什么忙。当天夜里猴子就不见了，原来是去了邻郡，偷了匹马回来。上人向马主人讲了事情的前因后果，马主人感叹畜生也有为抄经助一臂之力的心意，于是捐马而去。

这个故事可以说兼具前两个故事的核心要素，即既描写了猴子的向佛之心，又表现了其有智慧。此外，被偷的马肯跟猴子回来，可以看作是对有猴马相宜、猴子是马的保护神这一民间信仰即厩神信仰的侧面反证[③]。

七〇〇话[④]武田太郎信广打猎，将猴群赶至旷野，射死三只，活捉三只，回家后将死猴放在被拴住的活猴前面。其中一只活猴抱住死猴不放，悲痛而亡，两只猴似为配偶关系。五郎信正打猎时遇见一只大猴，正欲射杀时，发现猴手有所指。信正不明所以，派人去猴手指的方向看，结果发现一只大母鹿伏在地上，才明白猴子是想让自己射鹿。信正将鹿射杀，本该放过猴子，却将猴子也射杀了。信正每每思及此事，于心不忍，于是抄

① 古今著聞集 [M] .永積安明，島田勇雄，校注.東京：岩波書店，1966：524-525.

② 同①，525-526页。

③ 详见本论文第五章第二节。

④ 同①，527-528页。

了《法华经》。

这个故事分为信广和信正两部分，但也有共通之处，即两者都描写了日本猴的生存环境之残酷。同样是作为狩猎对象，前一部分同时表现了猴子夫妻情深，后一部分则顺带刻画了猴自保的动物本能。此外，后者也提到了于心不忍之下抄写佛经。佛教认为，抄写以《法华经》为代表的初期大乘经典是可以积功德的。考虑到上文（《古今著闻集》六八〇话和六九七话）也有抄写经文的情节出现，可以认为，至迟在《古今著闻集》成书的1254年，抄经积功德的思想在日本已在一定程度上普及。换个角度看，抄经其实是语言巫术的一种，而语言巫术则是语言崇拜或曰语言灵物崇拜的表现形式之一，是“凭借语言、文字或图画而施行的巫术，企图以此达到臆想的目的。它是人类对自己的命运积极争取的一种心理手段，人们以此希望得到预想的结果”，具体包括咒语、吉利语、经文、符箓等，其中经文的表现形式为“利用宗教经文，或举办道场法会由佛教徒吟诵，或以抄写经文的形式进行”[①]。如此看来，《日本灵异记》中小白猴请僧人读经也属于这一范畴，虽然表现形式不同，但是在本质上是相通的。

七一二话[②] 有个渔人打到了一条大鱼，这条鱼的头像人，细牙和普通的鱼没有区别，嘴像猴子一样向外突出。这个故事中猴并不是作为主人公直接出现的，而是用来比喻大鱼的外貌，可见当时人们对猴的生物学特征已经有所认识。

七一六话[③] 足利义氏得自美作国（今冈山县东北部）的猴子在将军面前表演猴戏，始徐后急，观者看得津津有味。每逢告一段落，猴子必会向观众讨要赏钱，否则就拒绝表演。猴子后来拴在马厩前，后背为马所咬，于是不能再表演。

这一故事在镰仓时代的用和式汉文写就的史书《吾妻镜》中也有记载，这两处记载是目前所见日本文献中最早对猴戏进行描述的。

---

① 张廷兴.谐音民俗［M］.北京：中央民族大学出版社，2000：4-5.

② 古今著聞集［M］.永積安明，島田勇雄，校注.東京：岩波書店，1966：533-534.

③ 同②，535-536页。

七一七话[①] 丰前国的太郎入道还没出家的时候（潜台词是现在已是出家之身），经常猎杀猴子。有一次他在山上把一只大猴赶到了树上，大猴都快要掉下来了，还在努力往树杈上放着什么，仔细一看原来是一只小猴。大猴想救小猴，小猴却不想离开大猴，如此争执不下，结果两只猴子都从树上掉了下来。目睹了这一情景很长时间之后，太郎入道再也没有射杀过猴子。

从故事的行文特点推测，太郎入道后来应该是出家了，而出家的原因很可能是出于对自己之前杀生行为的忏悔。显然，这个故事也反映出佛教中禁止杀生这一观念的影响。

通观《古今著闻集》，有猴出现的故事共计7则，其中猴仅作为喻体出现的有1则，其他6则均为直接登场。如表3.3所示，猴直接登场的6则故事中，5则与佛教有关。从猴的角色来看，这6则中3则与抄经有关，3则中有1则是作为狩猎对象，3则外另有1则是作为狩猎对象，1则是作为猴戏主角，另有1则中的猴子为捕鱼而绞尽脑汁。

从故事真实性的角度看，7则故事均有明确的地点，有的还有故事发生的大致时间甚至是明确的时间。

表3.3　《古今著闻集》中的猴形象

序号	章节	与佛教有关否	是否强调故事的真实性	猴的角色
1	六八〇话	有：猴子请僧人抄经	是，有明确的地点	请求抄经，后化为人身
2	六九七话	有：整个场景为上人目睹	是，有大致时间，有明确的地点	计诱乌鸦，有一定智慧，捕鱼不得，人的“他者”
3	六九八话	有：猴子盗马助抄经	是，有明确的地点	饲养对象，盗马显智慧，捐马抄经
4	七〇〇话	有：杀生后抄经	是，有明确的时间和地点	狩猎对象，指鹿自保，被杀后杀生者抄经
5	七一二话	无	是，有明确的地点	其生物学特征被用作喻体
6	七一六话	无	是，有明确地点，且史书有记载	猴戏主角
7	七一七话	有：猎人出家	是，有明确的地点	狩猎对象

① 古今著聞集［M］.永積安明，島田勇雄，校注.東京：岩波書店，1966：536.

小　结

通观三部说话集，从细节描写的角度看，《今昔物语集》似乎要胜过《日本灵异记》和《古今著闻集》。至少就这三者而言，更长的篇幅和更多的细节意味着更成熟的讲述方式和更高的作品质量。

由前文可知，表1～表3均设有“是否强调故事的真实性”一栏。结果发现，三部代表性说话集中与猴相关的故事都有明确或具体的地点，有的还有大致甚至明确的时间。之所以如此设置，是考虑到强调真实性是“说话”区别于神话、“昔话”、传说等的一大特征①，而对真实性或写实性的强调可以吸引听众，拉近与听众的距离，提高可信度，增强传播效果。

从文体来看，《日本灵异记》《今昔物语集》《古今著闻集》的正文部分分别是和式汉文、汉字片假名混成文体和汉字假名混成文体，整体呈现出越来越易读的趋势。应该说，这与说话文学表现人尤其是普通人的喜怒哀乐并将普通人接纳为文学的新受众的特征是一致的。

对细节描写的重视，对故事真实性的强调，以及文体的不断完善，也体现在三部说话集中与猴相关的故事上，对塑造逼真、生动的猴形象起到了至关重要的作用。

具体而言，日本说话文学代表性作品中与猴相关的故事，《日本灵异记》有3则，《今昔物语集》也有3则，《古今著闻集》有7则。其中《日本灵异记》的3则全部涉及佛教，后两者也分别有2则（另外1则疑似相关）和5则与佛教相关，也就是说日本说话文学代表作中的猴故事绝大多数都与佛教有关。事实上，日本有代表性的说话集确实均与佛教有着密切的关系，这涉及“说话”和说话文学的本源。按照稻田浩二的说法，往往是僧侣在宣扬佛法时以“说话”为题材，将其讲给普通民众听②。

除了大都涉及佛教，尤其是诵经和抄经外，三个说话集中也都有对猴的生物学特征的描写，此外猴形象的主要特征大体可以做如下概括：《日本灵异记》中的猴形象整体偏正面，主要形象小白猴神力和神性尚存，但已表现出

① 宮本常一.伝承者の系譜［J］.文学，1958（8）.

② 稲田浩二，稲田和子.日本昔話ハンドブック［M］.東京：三省堂，2010：42.

通过读经脱离猴身（畜生道）的愿望，这从侧面反映出六道轮回观念对人猴地位的影响；《今昔物语集》中虽有一则猴子报恩故事，但重头戏无疑是卷第二十六第七、第八话的“惩治猴神”型故事，故事中神性失落的猴神由神入凡，在来自外部的猎人或僧人面前毫无战力，背后体现的是人地位的上升和猴的动物性的回归；及至《古今著闻集》的时代，开始出现对猴真实生存生态的更多元的描绘，如猴优于一般动物的智慧，与马的关系，作为狩猎对象面临着残酷的生存环境，开始作为猴戏的主角登场等，表现出对作为动物的猴的更多关注。一言以蔽之，三部说话集描绘猴的视角存在从神到没落的神再到动物的一个逐渐转换的过程。

第四章　口传文艺：日本“昔话”中的猴形象

什么是昔话[①]?关于“昔话”一词的由来，可以追溯至柳田国男。柳田国男指出，必以“昔……”开头进行讲述的“话”就是“昔话”，而这开头的一句话也正是“昔话”一词的起源[②]。在日本，最先把昔话作为学术研究的正式对象的是柳田国男。换言之，柳田是日本昔话研究的开创者。柳田的初衷，是通过昔话、神话和传说的研究，弄清并复原先于有体系的宗教而存在的朴素民间信仰的样态，他认为这种民间信仰或曰精神世界可以成为有被现代化和西化浪潮吞没之虞的19世纪末日本人的身份认同。临床心理学家、日本最初的荣格派分析家河合隼雄也试图通过昔话研究日本人的内心世界，其代表作有《昔话与日本人的心灵》。

在日本，对“昔话”的研究数不胜数，也有针对猴子的人文学研究，如广濑镇的《猴》从民俗、美术、工艺、生活等方面论述了猴子与日本人的关系史，是一部文化人类学著作。[③]不过，就笔者目前所见，将两个视角结合起来对日本“昔话”中猴形象进行系统研究的似乎并不多见。

中国学者中，张鹏长期以来致力于猿猴的研究，近年出版了专著《灵长类的社会进化》（2009）、《猴、猿、人——思考人性的起源》（2012）和《猿猴家书：我们为什么没有进化成人》（2015），可以说成果颇丰。不过，张鹏的研究主要集中在人类学和社会学领域。

左江《对中韩日三国龟猴题材民间故事的再考察》属于比较文学变异学

---

① 由于中文中没有与“昔话”完全对应的词，为行文方便起见，本书中权且使用日文原词。

② 稲田浩二，稲田和子.日本昔話ハンドブック［M］.東京：三省堂，2010：240.

③ 廣瀬鎮.ものと人間の文化史34　猿［M］.東京：法政大学出版局，1979.

的范畴，且其中心在于故事的变异，而不是对猴形象的考察[①]。

赵静《日本民间故事猴形象考察》聚焦猴子和其他动物围绕食物分配而展开的争斗，分析了相关民间故事中猴子的形象，结果发现全都是负面的形象[②]。这项研究的意义不可否认，但是因为故事类型被限定为一种，所以不得不说离猴子的整体形象还相差甚远。

此外，崔莉、梁青《中日两国猴形象初探》参考丁乃通的《中国民间故事类型索引》和柳田国男的《日本的昔话》，对中日两国的猴形象进行了比较研究[③]。对其中提到的中国的猴形象，受学识所限，笔者暂不作讨论。关于日本的猴形象，崔、梁的论文指出，既存在正面形象，又存在负面形象，毁誉参半。应该说，该结论存在一定的合理性。然而，正如后文详述的那样，该论文虽然选取了一些故事进行具体分析，但在故事的选择标准和结论的推导方式上存在着问题，因而仍有改善的余地。

本章将在总结先行研究的成果和问题的基础上，遵循定量和定性相结合的原则，采用文本分析法，来考察日本“昔话”中的猴形象。具体来讲，在综合考虑出版时间及代表性等因素的基础上，将以柳田国男的《日本的昔话》[④]、关敬吾《日本昔话大成1　动物昔话》[⑤]和稻田浩二、稻田和子编著的《新版日本昔话手册》[⑥]作为分析文本，梳理并总结其中的猴形象。表面上看关的著作出版时间似乎最早，其实柳田的文库本是以1970年筑摩书房版的《定本柳田国男全集》第二十六卷为底本的，所以实际编撰时间更靠前。柳田的文库本可以称为日本民间故事集的早期经典之作，关的著作在故事数量和丰富性上占有优势，稻田夫妇的则是有一定影响力的新作，可以认为三者是各自时期的典型代表。

① 左江.对中韩日三国龟猴题材民间故事的再考察［J］.民族文学研究，2005（2）：69-75.

② 赵静.日本民间故事猴形象考察［J］.长江大学学报（社会科学版），2012（5）：6-7.

③ 崔莉，梁青.中日两国猴形象初探——从民间文学角度看中日两国的猴子形象［J］.湖北第二师范学院学报，2014，31（9）：4-8.

④ 柳田国男.日本の昔話［M］.東京：新潮社，1983.

⑤ 関敬吾.日本昔話大成1　動物昔話［M］.東京：角川書店，1979.

⑥ 稲田浩二，稲田和子.日本昔話ハンドブック［M］.東京：三省堂，2010.

第一节 《日本的昔话》中的猴

柳田国男《日本的昔话》中尚存在故事类型不甚明朗的故事，但正如小泽俊夫在该书的解说部分论述的那样，“新鲜有趣”[①]，“能够让人感受到现在经过严选的昔话集中所体味不到的民众的乡土气息。在民众之间口耳相传的并不只是经过筛选后印刷成书的形式整齐划一的昔话”[②]。换言之，该书是最接近“昔话”的原初形态的。

《日本的昔话》共收录了108则故事，其中9则与猴子有关。经统计，题目中带有“猴”字的故事有6则，题目中没有“猴”字但情节涉及猴子的故事有3则。现将9则故事的梗概和其中的猴形象总结如下。

（1）猴子的尾巴为什么短[③]

猴子想捉到更多的鱼，于是去找熊商量。熊告诉猴子得在寒冷的晚上将尾巴浸入水中，猴子信以为真，结果尾巴被冻住，情急之下猴子硬拽，导致尾巴折断。有人说猴子的脸之所以红，是因为拽尾巴时用力过猛。

在这里，猴子是愚蠢的，属于负面形象。

（2）貉、猴子和水獭[④]

貉、猴子和水獭捡到了一些东西，貉提议按自己的办法分配，猴子和水獭不假思索地表示同意，结果都倒了大霉，于是找貉去说理。貉占了便宜，却装出一副呻吟的样子，猴子和水獭再次被骗，获得了心理平衡后回去了。

在这里，愚蠢的猴子两次被愚弄，也属于负面形象。

（3）猴子、猫和老鼠[⑤]

为了报答老爷爷的救命之恩，在猎人枪口下劫后余生的猴子们做了很多

---

① 柳田国男.日本の昔話［M］.東京：新潮社，1983：183.

② 柳田国男.日本の昔話［M］.東京：新潮社，1983：184.

③ 柳田国男.日本の昔話［M］.東京：新潮社，1983：17.

本节所涉“昔话”的故事梗概均由笔者根据上述文献总结，以下只标出页码。

④ 同注①，26页。

⑤ 同注①，27页。

好吃的，而且还将被称作“猴子的一文钱”的世间珍宝给了老爷爷。老爷爷因此成了富翁。之后，老爷爷家的猫和老鼠登场，但与猴子没有直接关系，只是为了寻找被盗的一文钱而存在的角色。

这是猴子们的报恩故事，很显然属于正面形象。

（4）猴子和蟾蜍的年糕之争[①]

猴子和蟾蜍合谋，将村长家的年糕连同舂年糕的臼一起偷走，然后搬到了山上。猴子想独吞年糕，就想出鬼主意，向蟾蜍提议：把臼从山上向下滚，先追到的就把年糕全吃了。蟾蜍腿脚慢，但还是表示同意。腿脚快的猴子直接追到了山脚下，而滚落的年糕从臼里脱落，卡在了路边的矮树枝上，被蟾蜍捡了个正着。

狡猾的猴子弄巧成拙，想占便宜反而吃了亏，属于负面形象。

（5）猴女婿[②]

一个老头在地里半开玩笑地说，谁帮我干活，我就把三个女儿中的一个嫁给他。结果一只猴子跳了出来，拼命地帮老头干完了活。老头后悔做了之前的承诺，于是找女儿们商量。大女儿和二女儿都不愿意嫁给猴子，最后三女儿说自己要去，并让家里为她准备一个放满了缝衣针的陶罐作为嫁妆。三女儿让来迎亲的猴子背着陶罐，在途中过一座很窄的桥的时候，稍微碰了一下，猴子就落入了河里，被水冲走了。

这是一只被人类欺骗了的可怜的猴子，其形象很难说是正面的还是负面的。

（6）猴正宗[③]

一只猴子被一条大章鱼缠住往海里拖的时候，被两个脚夫救了下来，猴子却拿着两个人行李逃跑了。两人正一筹莫展的时候，猴子又回来了，一只手拿着两人的行李，另一只手抱着一个包裹。原来猴子是怕两个人在自己去取谢礼的时候走掉，所以才拿了他们的行李。所谓的谢礼，是指名刀世家五郎正宗打造的一把宝刀。两人将宝刀献给了主人，这把刀从此被叫作猴正宗。

---

① 柳田国男.日本の昔話［M］.東京：新潮社，1983：29.

② 同注①，30页。

③ 同注①，37页。

这则故事和“猴子、猫和老鼠”类似，属于报恩型故事。故事中的猴子知恩图报，而且很聪明，属于正面形象。

（7）海蜇没骨头①

龙宫的王妃想吃猴肝，龙王命令乌龟设法弄来。乌龟以美食作为诱惑，将猴子骗来龙宫。在龙宫门口等待乌龟通报时，守门的海蜇说猴子你能来龙宫做客是因为王妃想吃你的肝。猴子听罢大惊，但表面上却不露声色，告诉通报回来的乌龟说自己把肝忘在了山上，让乌龟驮自己回去取。一上岸，猴子就跳到最高的树上，笑着说肝不可能离身。乌龟意识到是海蜇说漏了嘴，于是禀报了龙王。作为惩罚，海蜇被剥皮扒骨，所以成了现在的样子。

虽然猴子一度被骗，故事中“猴子也有智慧”这句话蕴含的也不全是褒义，但是这里的猴子无疑是聪明的，可以算作正面的形象。

（8）湖山池②

在一天之内日落之前雇佣几千人的插秧人插尽千町水田的秧苗是湖山富翁家的惯例，而有一年，这一惯例变得难以为继。这是因为，插秧时有一只母猴子倒背着小猴子路过，所有插秧人都看呆了，同时停下了手中的活计。湖山富翁虽用黄金扇召回了即将落山的太阳，但此举遭到天谴，富翁家的家运从此急转直下，曾几何时，原来的千町良田也化作了湖山池这一广袤的水域。

站在人类中心主义的立场来看，这里的猴子也许是工作的障碍，但不可否认，也是一种不可思议的存在，因此很难断言其形象到底是正面的还是负面的。

（9）破屋漏雨③

在一个下雨的晚上，老爷爷和老奶奶说，比虎狼还可怕的是破屋漏雨。门外的虎狼听了，心想原来世界上还有比自己还可怕的东西，可不能小看。这时，偷马贼将虎狼误认为马，骑了上去。虎狼则以为是被“破屋漏雨”抓住了，所以一个劲地跑。结果偷马贼被甩了下来，落入路旁的枯井里。这时猴子来了，在听虎狼说完情况后，认为不可能有那样的怪物，于是将尾巴伸向枯井

---

① 柳田国男.日本の昔話［M］.東京：新潮社，1983：18.

② 同注①，89页。

③ 同注①，163页。

里去试探。不料尾巴被偷马贼牢牢抓住，大惊之下，猴子想往回拽，结果尾巴从根上断了。

在这里出现的是只爱出风头的猴子，属于负面形象。

以上分析结果可用如下表格表示。其中，“+”表示正面形象，“+？”表示偏正面形象，“−”表示负面形象，“−？”表示偏负面形象，“△”表示难以断言是正面形象还是负面形象。

表4.1 柳田国男《日本的昔话》中的猴形象

故事序号	《日本的民间故事》	猴子的特征	猴子的形象		
			+／+？	−／−？	△
（1）	猴子的尾巴为什么短	愚蠢，轻信他人		−	
（2）	貉、猴子和水獭	愚蠢		−	
（3）	猴子、猫和老鼠	知恩图报	+		
（4）	猴子和蟾蜍的年糕之争	鬼主意多，狡猾		−	
（5）	猴女婿	被骗，可怜			△
（6）	猴正宗	聪明，知恩图报	+		
（7）	海蜇没骨头	虽被骗了一次，但很聪明	+		
（8）	湖山池	不可思议，工作的障碍？			△
（9）	破屋漏雨	爱出风头		−	
合计	9则		3则	4则	2则

由上表可知，虽然样本较小，差别不是特别明显，但是单从故事的数量来看，可以说负面的猴子形象略占上风。

崔莉和梁青只将（1）～（7）的7则故事作为了考察对象，理由是在这些故事里猴子扮演的是主角。其实，关于（2）和（3）中猴子扮演的究竟是否是主角，还是值得商榷的。在（2）中，主角应该是貉，而猴子和水獭是貉欺骗和愚弄的对象，可以说配角的色彩更为强烈一些。在（3）中，猴子在报恩之后再未出现，而且从故事的后半段开始，猫、老鼠和邻家老头的出场更是冲淡了猴子作为所谓“主角”的印象。崔、梁没有将（8）和（9）作为研究对象，或是因为觉得配角不重要，或是因为这两则故事的题目中没有“猴”字，因而漏掉所致。事实上两则故事中的猴子都并非不重要，反而是起着举足轻重的作用。无论是哪种情况，都会对最终结论的得出造成影响，因而有必要在这里说明一下。

此外，关于故事（5）中的猴子形象是否正面，笔者曾犹豫良久。猴子被人类骗了，固然可怜，不过从老头“不该这么承诺”的想法，两个姐姐生气地说“不能去做猴子的老婆”，三女儿说“既然父亲这么承诺了，那没办法，就我去吧”，以及她让家里人在陶罐里放了很多缝衣针等言行[①]来综合考量，可以反映出老头一家“作为猴子竟然想跟人类结婚，这种想法本身就是错的”这一人类中心主义的想法。所以，至少可以说，这则故事中的猴子形象不是正面的。

第二节　《日本昔话大成1　动物昔话》中的猴

关敬吾是柳田国男的弟子之一，较早从事昔话研究，后与柳田分道扬镳，开始基于国际视野进行昔话的国际比较研究。关的代表作为《日本昔话集成》六卷，后又增补资料，出版了《日本昔话大成》十二卷。其第一卷《日本昔话大成1　动物昔话》（以下有必要时将简称“《大成1》”）共收录各类动物故事117则，其中与猴相关的有19则，约占1/6，比例可以说较高。经进一步统计，题目中带有“猴”字的故事有13则，题目中没有“猴”字但情节涉及猴子的故事有6则。现将这19则猴故事的梗概及其中出现的猴形象总结如下。

1）尾巴钓鱼[②]

看到水獭每天捉鱼吃，猴子很羡慕，于是向水獭请教。水獭很认真地告诉猴子，河水结冰后在冰面上挖个洞，把尾巴放进洞里，鱼自然就会聚拢过来，这时把尾巴拽上来，想要多少鱼就有多少鱼。猴子听信水獭的话，于是照做，明明尾巴逐渐被冻住，猴子却以为是上钩的鱼越来越多，等到它想要把尾巴拽上来时，尾巴却纹丝不动。猴子憋红了脸用尽全力去拽，结果尾巴断了，所以猴子到现在还是红脸和短尾巴。

这则故事与柳田国男《日本的昔话》中的猴故事（1）（以下同一则故事

① 柳田国男. 日本の昔話［M］. 東京：新潮社，1983：30.

② 関敬吾. 日本昔話大成1　動物昔話［M］. 東京：角川書店，1979：26.

本节所涉“昔话”的故事梗概均由笔者根据上述文献总结，以下只标出页码。

再次出现时简化为“柳田（1）”。如有需要，下文其他版本的其他故事亦从此例）情节大体相同，区别在于骗猴子的不是熊，而是水獭。不变的是猴子的形象，同样愚蠢，同样轻信他人。

2）貉、猴子和水獭[①]

情节与柳田（2）几乎完全相同，猴子形象也无二致，均以愚蠢的面目出现。

3a）猴蟹之战[②]

与经典的“猴蟹之战”故事如本章第三节稻田③前半部分的情节基本相同，区别在于猴子换饭团不成后想硬抢，螃蟹只好把不能马上吃的柿子种子种下，而且螃蟹死后没有后半部分小螃蟹报仇的内容。无论从过程还是结果看，猴子的企图全部得逞，螃蟹则是完全意义上毫无还手之力的受害者，因此还不能说是完整意义上的“猴蟹之战”，充其量是一边倒的“战争”。这里的猴子狡猾、贪婪、凶恶，是典型的负面形象。

3b）猴子的夜盗[③]

螃蟹接受猴子的提议，一起捡稻穗打年糕。捡完稻穗碾成米之后，猴子提出在高处打年糕，螃蟹答应了，再三更换之后地点定在了山顶。打完年糕之后猴子想独享，于是把装有年糕的臼从山上推了下去，然后自己赶忙去追。螃蟹无奈，也只能去追。中途年糕从臼中掉出来，被螃蟹捡到吃了起来。猴子找回来的时候要求螃蟹分给自己一些，螃蟹让猴子吃臼里的，猴子说臼里没有，把带土的分给自己也行，螃蟹说带土的也很好吃，不肯分。猴子一怒之下威胁说要找来上千只猴子把螃蟹的壳揭掉，然后进了山。螃蟹害怕猴子报复，哭了出来，橡子、蜜蜂、牛粪、杵和臼前来安慰，答应帮助螃蟹。猴子进来烤火，被里面炸开的橡子烫伤了睾丸，想去水缸里冷却时又被里面的螃蟹钳得生疼，然后被蜜蜂蜇了脸，要逃跑时又被牛粪滑倒了，接着被落下来的臼和杵砸了个正着。

标题中的“夜盗”一词在正文中并没有出现，也没有进行明确的解释。

---

① 関敬吾. 日本昔話大成1　動物昔話 [M]. 東京：角川書店, 1979：66.

② 同注①, 138页。

③ 同注①, 142页。

从上下文推测，应该是猴子夜里要来偷年糕，而且夜幕有利于螃蟹及其伙伴反击猴子的报复。

这则故事中的猴子自私、贪婪，属于负面形象。

3c）猴子和螃蟹一起种地①

猴子和螃蟹一起种地，前期所有的过程猴子都装病，让螃蟹自己干活，只有分稻米的时候非常积极。螃蟹把稻米分成没有稻粒的一大堆和有稻粒的一小堆，结果猴子选了前者。于是螃蟹就把有稻粒的一小堆运回家，正打年糕的时候猴子来了。猴子流着口水，要求分年糕，螃蟹不答应，猴子就威胁说召集其他猴子来杀掉螃蟹。之后的情节几乎和"猴子的夜盗"相同，此处不赘述。不同之处在于，本故事结尾处明确指出猴子是因为懒惰和贪婪遭到的报应。这样的猴子显然属于负面形象。

3d）老爷爷和猴子②

老爷爷和儿子一起住，住的院子里有一棵大柿子树。一天老爷爷一个人在家，猴子上树摘柿子吃。老爷爷让猴子给自己也摘一个，猴子扔下来一个青的。老爷爷让猴子摘一个红的给自己，猴子不耐烦地扔了一个过来，结果打中了老爷爷的头，后者倒地而亡。老爷爷的儿子回来后知道是猴子干的，于是做了黍子面团子去找猴子报仇。路上遇上了蜜蜂、螃蟹、牛粪、臼和栗子，在它们的帮助下成功复仇猴子。

这个故事的有趣之处在于外壳是人猴冲突，内里是猴蟹之战，其中复仇部分的情节与经典的"猴蟹之战"故事基本相同，只不过以栗子代替了橡子。不同之处在于，"猴蟹之战"故事中其他动物是主动帮助因害怕猴子报复而哭泣的螃蟹，而在这一故事中则是号称日本第一的黍子面团子起了作用。这个情节不能不让人想起其与《桃太郎》故事中桃太郎收狗、猴子和野鸡做家臣的相似之处。以人而不是螃蟹作为主人公之一，应该是因为人及其劳动成果在实际生活中频繁遭受到猴子袭扰（如破坏农作物等）的缘故。作为对现实生活的艺术化表达，这则故事刻画出了一个作为入侵者的狠辣的猴子形象。

① 関敬吾.日本昔話大成1　動物昔話［M］.東京：角川書店，1979：145.

② 同注①，167页。

3e）麻雀复仇[①]

麻雀下了三个蛋，猴子要求吃一个，麻雀不答应，猴子就威胁说晚上来偷，顺便把麻雀一起吃了。麻雀无奈，只得交出了一个。吃完一个后，猴子还要吃第二个，麻雀还是不答应，猴子故伎重演，麻雀屈服，又交出了第二个。贪得无厌的猴子还想吃最后一个，这次麻雀再也不能答应了，猴子放出狠话，说晚上来偷并且会把麻雀吃了。猴子走后麻雀哀鸣不断，雀蜂、蛇、针、栗子、臼和牛粪先后来询问情况，都表示要帮麻雀报仇。之后的情节与经典的“猴蟹之战”中螃蟹复仇的部分基本相同。区别在于受害者由螃蟹换成了麻雀，螃蟹的帮手从蜜蜂换成了雀蜂，另外蛇也加入了进来。

这个故事中的猴子同样是心狠手辣的入侵者形象。

在3a）~3e）这一系列故事中，猴子与其他动物产生矛盾的原因都是猴子想独占源于双方共同劳动的原本应属于双方的年糕等食物，或者是想强占对方的食物或其他物品，进而提出有利于自己的分配方案，但除3a)外，结果往往是没占到便宜或遭到复仇，甚至丧命。

4a）猴子和蟾蜍偷年糕[②]

情节与柳田（4）大致相同。猴子和蟾蜍合谋偷人的年糕，蟾蜍模仿婴儿哭，吸引众人的注意力，猴子则趁机偷年糕。得手后，猴子想独吞，蟾蜍也强调自己的功劳，两者争执不下，于是猴子强行背走了装有年糕的臼。不料年糕从臼里掉落，被蟾蜍捡到吃了起来。猴子回过神来向蟾蜍讨年糕，蟾蜍撕了一块带土的年糕扔到了猴子脸上，猴子一怒之下把臼推向蟾蜍，结果猴子的脸变成了红的，蟾蜍也被臼压成了现在扁平的模样。

这则故事中，猴子鬼主意多、狡猾、自私、霸道，属于负面形象。

4b）猴子和蟾蜍一起种地[③]

猴于蟾蜍一起种地，之后在插秧、除草、割稻子时猴子都装病，只有打年糕时非常积极，而且还提议把装着年糕的臼从山上滚下去，谁捡到年糕就是谁的。臼滚下去之后，猴子拼命追，不料年糕被树枝卡住，只剩下空臼继续往

① 関敬吾.日本昔話大成1　動物昔話［M］.東京：角川書店，1979：168.

② 同注①，119页。

③ 同注①，127页。

下滚。当猴子赶回来的时候，蟾蜍已经捡起年糕在吃了。猴子羡慕地建议蟾蜍从下面开始吃，蟾蜍回答说自己想怎么吃就怎么吃。

这个故事的题目和开头涉及种地，但后半部分其实是典型的“年糕之争”系列，情节也与柳田（4）几乎相同。这里的猴子好吃懒做、自私、贪婪，属于负面形象。

4c）猴子和螃蟹的年糕之争①

情节与柳田（4）大体相同，区别在于搭档兼对手变成了螃蟹，而且未与螃蟹商量就背起装着年糕的臼往山上跑，结果年糕从臼里掉了出来还不自知，赶回去找的时候螃蟹正捡起掉落的年糕吃得津津有味。猴子就向螃蟹讨要，螃蟹一开始不给，后来撕了一块沾着土的年糕冲着猴子的脸就扔了过去，所以猴子的脸到现在还是红的。

这则故事中，猴子自私、贪婪、脸皮厚，属于负面形象。

4d）猴子和螃蟹打年糕②

猴子和螃蟹约好一起打年糕，猴子让螃蟹去找一根杵，自己则做其他准备工作。螃蟹找来后猴子以太弯为由，让螃蟹再去找一根直的。趁着这个工夫，猴子自己把年糕打完，装进袋子，爬上了柿子树，想自己享用。这时螃蟹来到树下，让猴子分给自己一些，猴子不答应，甚至连一半也不肯分。螃蟹就说把年糕袋子系在枯枝上摇一摇更好吃，猴子信以为真，于是照做，结果枯枝折断，袋子掉了下去。螃蟹捡起袋子，爬进自己的洞里，独自吃了起来。猴子要求螃蟹分给自己一些，螃蟹不答应，猴子说那我就往你洞里拉粪，螃蟹说随便。猴子来真的，于是螃蟹用钳子拧了猴子的屁股，所以猴子的屁股到现在还是红的。

这个故事同样可以说是“年糕之争”系列，也同样是猴子挑起的事端。而且有意思的是，经典的“猴蟹之战”故事里的柿子树也在此出现了，因此某种意义上可以认为是初级形态的猴蟹之战类故事。

这则故事中，猴子自私、贪婪、狡猾，属于负面形象。

---

① 関敬吾.日本昔話大成1　動物昔話［M］.東京：角川書店，1979：108.

② 同注①，130页。

5）猴子和水獭[①]

猴子坐在河边的岩石上吃从田里偷来的豆子，这时水獭拿着用河边芦苇编成的凉席露出了水面。双方都想要对方手中的东西，于是向对方夸耀自己手中的东西如何好，猴子说用豆子可以捕更多的鱼，水獭说把凉席铺在树上睡觉很舒服，两者欣然交换。结果凉席太滑，猴子无数次从树上滑下来又爬上去，水獭换得豆子后也不能吃，更没捕到鱼，两者都做了无用功，于是又把换来的东西还给了对方。

这则故事中，猴子的豆子是偷来的，看到水獭的凉席后又见异思迁，巧舌如簧地想促成双方交换，换来的东西又用不上，做了无用功，属于负面形象。

6）猴子报恩[②]

有一对贫穷的夫妇，除夕没钱过年，妻子让丈夫去捡卷贝。丈夫捡贝时听见断断续续的哭声，原来是一只猴子要捉鲍鱼时被夹住了手，于是极富同情心的丈夫救了猴子。第二天是元旦，早早起来的男子被猴子领到山里的一条河边。猴子喝了“河水”之后示意男子也喝，男子喝了发现里面都是酒。从此男子天天来打酒去卖，慢慢地成了富翁。下游男子来问致富的秘诀，成为富翁的男子如实相告。下游男子企图独占酒河，便用稻草做了一条大蛇放入河底。不料大蛇成真，下游男子被吞食。

这个故事中的猴子属于为数不多的知恩图报的正面形象。综观柳田、关、稻田三个文本中有猴子出现的37则（其中柳田9则，关19则，稻田9则）故事，涉及猴子报恩的除了这一则，只有“猴子、猫和老鼠”〔柳田（3）〕和“猴正宗”〔柳田（6）〕，合计仅3则，这一比例明显偏低。这也从另一个角度说明，猴子知恩图报仅属于个别现象，不符合日本人对猴子形象的普遍认知，可以说是瑜不掩瑕。

7）海蜇没骨头[③]

故事情节与柳田（7）大体类似，区别在于：猴子和乌龟一开始是好朋友

① 関敬吾.日本昔話大成1　動物昔話［M］.東京：角川書店，1979：68.

② 同注①，393页。

③ 同注①，253页。

的关系，不过从后文来看，应该是乌龟为了接近猴子有意为之；是龙宫的独生女而不是王妃得了病；乌龟不是受龙王的指派，而是在听说猴子生肝的疗效后，自己主动提出要弄来做药引子；守门、泄密并被惩罚的不只是海蜇，但故事仍以“海蜇没骨头”命名；猴子在逃离龙宫重回陆地后，将乌龟绑起来吊到高处后咬断了绳子，所以龟壳成了现在的模样。综合来看，这里的猴子虽然一度被骗，但能够随机应变并成功挽回局面，可以看作正面形象。

8）大猫和小猫①

大猫捡到一个小饭团，小猫捡到一个大饭团。大猫说小猫身体小吃小的就可以，要用自己手中的小饭团换小猫手中的大饭团。小猫说自己还得长身体，不想把自己手中的大饭团换给大猫。两只猫争论不下，去找猴子评理，猴子痛快地答应了。猴子拿来了秤，一会儿说这个重，咬了一口。一会儿又说那个重，又咬了一口，最后把两个饭团都吃了。两只猫哭着空手而归。

这里的猴子利用对方对自己的身份和智慧等的信任而肆意侵占对方的利益，属于负面形象。

9）破屋漏雨②

故事情节与本章第一节柳田（9）和本章第三节稻田⑨基本相同，结果也无差异，区别在于枯井换成了洞穴，猴子用尾巴试探洞穴的虚实也不是为了出风头，而是狼等山中一众动物共同商议的结果。这里猴子的形象不宜简单以正面形象或负面形象言之。

10）动物赛跑③

这是一个广为流传的有关十二生肖来源的故事，猴子在其中自然也出现了，但是作为配角出现的，并无特别之处，因而其形象也难言正面还是负面。故事重点讲了老鼠故意把给神拜年的日期说错，导致猫没能被列入十二生肖，从此与老鼠成为世仇，以及老鼠偷偷跳到牛背上，从而使自己排在第一位。

① 関敬吾.日本昔話大成1　動物昔話［M］.東京：角川書店，1979：70.

② 同注①，234页。

③ 同注①，82页。

11）猴子和青蛙的旅行[①]

猴子和青蛙结伴去熊野，商量好途中轮流背着对方。先是猴子背青蛙，猴子很努力。轮到青蛙背猴子时，青蛙让猴子看天，猴子感觉青蛙跑得很快。过了一段时间，又轮到猴子背青蛙了，从青蛙背上下来的猴子发现好像没动地方，就向青蛙提出质疑，青蛙回答说去熊野要经过七处很像的地方。一路上猴子一直在看天，看到天上的云在动，以为是青蛙在跑，结果被骗了一路。

与其他大多数与猴有关的故事不同，这是为数不多的猴子以受害者身份出现的故事，其形象难言正面还是负面。

12）上年纪的猴子[②]

一个耍猴人的猴子上了年纪，不能表演了，听到主人说要杀了它，于是往山里走。在路上猴子碰见了野猪，野猪问猴子有什么心事，猴子就说了原委。野猪给猴子出主意，说明天自己去把猴主人家的婴儿叼走，让猴子佯装在后面追。第二天野猪和猴子依计行事，猴主人家顿时乱作一团。猴子估计时间差不多了，就抱着孩子回来了。猴主人见状大喜，打消了杀猴子的念头，将其一直养下去。故事最后说生物就算上了年纪也应得到善待，教育目的明显。

这个故事某种程度上反映了艺猴的生存环境：青壮年时要配合耍猴人努力表演，年老体衰演不动后则面临着生存乃至生命的危机。可以说，其结局得到了艺术化处理，而在动物保护主义兴起之前，这一结局在现实中是不太可能存在的。

如不考虑喜剧式结局，这则故事中猴子的遭遇无疑令人同情，其形象可怜而又幸运，却又难言正面还是负面。

本节中的猴子形象可整理成如下表格（“+”等符号的意义与前节相同）：

---

① 関敬吾.日本昔話大成1　動物昔話［M］.東京：角川書店，1979：90.

② 同注①，388页。

表4.2　关敬吾《日本昔话大成1　动物昔话》中的猴形象

故事序号	关敬吾《日本昔话大成1 动物昔话》	猴子的特征	猴子的形象		
			+/+?	−/−?	△
1）	尾巴钓鱼	愚蠢，轻信他人		−	
2）	貉、猴子和水獭	愚蠢		−	
3a）	猴蟹之战	狡猾，贪婪，凶恶		−	
3b）	猴子的夜盗	自私，贪婪		−	
3c）	猴子和螃蟹一起种地	好吃懒做，贪婪，		−	
3d）	老爷爷和猴子	入侵者，狠辣		−	
3e）	麻雀复仇	入侵者，心狠手辣		−	
4a）	猴子和蟾蜍偷年糕	鬼主意多，狡猾，自私，霸道		−	
4b）	猴子和蟾蜍一起种地	好吃懒做，自私，贪婪		−	
4c）	猴子和螃蟹的年糕之争	自私，贪婪，厚脸皮		−	
4d）	猴子和螃蟹打年糕	自私，贪婪，狡猾		−	
5）	猴子和水獭	偷豆子，见异思迁，巧舌如簧，做无用功		−	
6）	猴子报恩	知恩图报	+		
7）	海蜇没骨头	一度被骗，但能随机应变并成功挽回局面	+		
8）	大猫和小猫	利用对方的信任为自己牟利		−	
9）	破屋漏雨	受托将尾巴伸入洞穴探虚实			△
10）	动物赛跑	十二生肖之一			△
11）	猴子和青蛙的旅行	被骗，受害者			△
12）	上年纪的猴子	青壮年时努力工作，年老体衰后面临死亡威胁，幸有朋友相助			△
合计	19则		2则	13则	4则

由上表可以较直观地看出，《日本昔话大成1 动物昔话》有猴子出现的19则故事中，负面形象有13则，约占2/3；正面形象仅有2则；另有4则故事中的猴子形象不宜简单作正负之分，故单列出来。从上文的故事梗概可以看出，之所以负面形象居多，是因为猴子想独占与伙伴的共同劳动成果或者干脆想抢夺原本属于对方的劳动成果进而采取威胁或暴力手段。反观仅有的2例正面形象，要么是猴子凭借自身智慧随机应变成功自救，要么是被人搭救后知恩图

报，整体比例偏小。

第三节　《新版日本昔话手册》中的猴

如果说柳田国男《日本的昔话》最接近“昔话”的原初形态，关敬吾《日本昔话大成1 动物昔话》是基于国际比较视野的话型索引，那么稻田浩二《日本昔话通观28 昔话类型索引》则在继承《大成1》形式的基础上做到了更加详细。同样由稻田浩二、稻田和子编著的《新版日本昔话手册》（下文将根据需要略称为《手册》）基于《日本昔话通观28 昔话类型索引》的类型划分，选出了在日本民族传承的昔话的200种主要话型，是故事类型确立后“昔话”的典型代表。可以预见的是，将三个具有代表性的文本都作为研究对象进行综合，将得出更加客观的猴形象。

如上文所述，《新版日本昔话手册》共收录有日本昔话的200种主要话型。为行文方便，以下将其看作200则故事。在这些故事中，有猴子登场的为9则。经进一步统计，题目中带有“猴”字的故事有5则，题目中没有“猴”字但情节涉及猴子的故事有4则。9则猴故事中，若不考虑细节的差异，有4则与上述《日本的昔话》和《日本昔话大成1 动物昔话》中相关故事的情节大体相同。换言之，下文的稻田①④⑦⑨与上文的柳田（1）、（4）、（7）、（9）和关1）、4a）~4d）、7）、9）是分别对应的。此外，稻田⑤与柳田（5）、稻田③与关3a）~3e）情节类似，也呈对应关系。对这6则故事，以下将不再详细介绍故事梗概，而是在简略陈述后在本节的表3中予以总结。对与柳田和稻田两个文本不存在对应关系的其他3则故事即稻田②⑥⑧，将同上文一样，在简单总结故事梗概和其中的猴形象之后再在表4.3中予以体现。

①尾巴钓鱼[①]

和上文的柳田（1）“猴子的尾巴为什么短”及关1）“尾巴钓鱼”属于同一故事类型，根据传承的不同，有时会以别的尾巴短的动物代替猴子的角色，但作为被害者，都具有愚蠢、轻信他人的特点，因而属于负面形象。

① 稲田浩二，稲田和子.日本昔話ハンドブック[M].東京：三省堂，2010：128.
本节所涉“昔话”的故事梗概均由笔者根据上述文献总结，以下只标出页码。

②降伏猴神[①]

从前有一个村子，每年都要向“猴神”敬献一名年轻女子作为祭品，对此村民们只有叹息。有一天，一位路过的旅人听说了这一事情后，潜入神社，从猴子们的歌声中得知它们的弱点，设法除掉了名义上是神灵实际上已沦为妖怪的猴子。

这则故事中的猴子首领名为“猴神”，其实是向村民们强要活人献祭的妖怪，属于负面形象。

③猴蟹之战[②]

猴子捡到了柿子的种子，螃蟹捡到了饭团，两者进行交换后，猴子马上吃了饭团，而螃蟹则把种子撒到了地里。种子很快长成了树，树上结出了很多柿子。猴子说要上树帮螃蟹摘柿子，上去之后只顾自己挑熟柿子吃，却把一个青柿子砸向螃蟹，结果将其砸死。螃蟹死后小螃蟹召集一群同伴为老螃蟹报仇，杀死了猴子。

本故事与上文的关3a）~3e）属于同一类型的故事，区别在于关3a）~3e）中部分故事与“年糕之争”类故事有交叉，有时会以麻雀或人替代螃蟹的角色，相较之下本故事属于更典型的“猴蟹之战”类型的故事。尽管有这些区别，但这类故事中的猴子都具有狡猾、贪婪、凶恶等特点，属于负面形象。

④年糕之争[③]

与上文的柳田（4）“猴子和蟾蜍的年糕之争”和关4a）~4d）在情节上大同小异，区别在于关4a）~4d）有时会以螃蟹替代蟾蜍，不过这些故事中猴子扮演的角色都是相同的，都具有狡猾、鬼主意多等特点，属于负面形象。

⑤猴女婿[④]

故事情节与前文的柳田（5）“猴女婿”类似，主要的不同之处是猴子负重坠河的时机：前文是在迎娶三女儿时，本则故事是在三女儿回门时。此外本则故事明确提到猴子坠河之后三女儿回到家中过上了幸福的婚姻生活，由此很

① 稲田浩二，稲田和子.日本昔話ハンドブック［M］.東京：三省堂，2010：122.

② 同注①，121页。

③ 同注①，194页。

④ 同注①，124页。

明显可以看出三女儿对与猴子结婚的不情愿。

与柳田（5）相同，这里出现的也是一只可怜的被骗的猴子，其形象很难简单用正面或负面来形容。

⑥猴地藏[①]

一个老头午睡时被猴子们抬过河当作地藏菩萨供奉，老头趁猴子们不注意将供品带回了家。邻居家的老头东施效颦，在听到猴子们过河时唱的歌谣“就算是弄湿了猴子的屁股，也不要弄湿地藏菩萨的屁股”后却忍不住笑，露出了马脚，被猴子们乱挠一通之后扔到了河里。

在该故事中，猴子虽有敬神之心，却缺乏看破真相的能力，猴子们渡河的时候唱的歌谣也是充当了逗笑的工具，因此这里的猴子属于偏负面的形象。

⑦猴子的生肝[②]

和前文柳田（7）“海蜇没骨头”及关7）“海蜇没骨头”的情节基本一致，不同之处仅在于想吃生肝的人，柳田（7）中是王后，关7）和稻田⑦则是公主。另外，关7）中海蜇不是唯一的泄密者，但故事名称中只出现了海蜇的名字，这说明关7）较之其他两者情节更丰富，如猴子对乌龟的报复出现得较晚，可能是后来附会的结果。

这类故事中猴子虽然一度被骗，但是后来都凭借自己的聪明智慧逃离了龙宫，可看作正面形象。

⑧桃太郎[③]

老婆婆在河边洗衣服时，捡到了从上游漂来的桃子，正要切开的时候，一个男孩从桃子中诞生，这就是桃太郎。桃太郎很快就长大了，说要去征服鬼岛，在途中用老婆婆做的黍子面团子收了狗、猴子和野鸡做部下，并成功征服鬼岛，带回了很多宝物。

这里的猴子等部下的形象随着对其主人桃太郎形象的解读而历经变迁，很难用善或恶这样二元论的标准进行明确界定。当然，这也从侧面反映出这则故事深入人心的程度。

---

① 稲田浩二，稲田和子.日本昔話ハンドブック［M］.東京：三省堂，2010：122.

② 同注①，123页。

③ 同注①，197页。

⑨破屋漏雨[①]

这则故事与前文同样名为“破屋漏雨”的柳田（9）和关9）的情节几乎相同，只不过在柳田（9）中是“虎狼”，在关9）和稻田⑨中则变成了“狼”，但猴子的角色和特点没有发生变化，都是用自己的尾巴去试探枯井（或洞穴）的虚实，结果尾巴断了。另外，柳田（9）和稻田⑨中的猴子爱出风头，而关9）中猴子的做法是狼等一众动物共同商议的结果，并没有更多细节显示猴子是自告奋勇用尾巴去试探的，因而不能得出关9）中的猴子爱出风头的结论，但至少不是正面形象。

以上分析结果可用表4.3来表示。由该表可知，在《新版日本昔话手册》中，猴子的负面形象占了9则故事中的6则，远多于正面形象（1则）和难以断言是正面形象还是负面形象的故事（2则）。

表4.3　《新版日本昔话手册》中的猴形象[②]

故事序号	稻田《新版日本昔话手册》	猴子的特征	猴子的形象		
			+／+?	−／−?	△
①	尾巴钓鱼	愚蠢，轻信他人		−	
②	降伏猴神	向村民强要活人祭，妖怪		−	
③	猴蟹之战	狡猾，贪婪，凶恶		−	
④	年糕之争	鬼主意多，狡猾		−	
⑤	猴女婿	被骗，可怜			△
⑥	猴地藏	虽有敬神之心，却有些盲信。笑料		−?	
⑦	猴子的生肝	虽被骗了一次，但很聪明	+		
⑧	桃太郎	桃太郎的部下			△
⑨	破屋漏雨	爱出风头		−	
合计	9则		1则	6则	2则

此外，需要指出的是，《新版日本昔话手册》中有一则叫作“富翁召日”的故事（141页）与柳田《日本的昔话》中（8）“湖山池”的情节极为相似，但是因为并未明确提到猴子的出现，所以没有列为研究对象。

---

① 稲田浩二，稲田和子. 日本昔話ハンドブック［M］. 東京：三省堂，2010：174.

② 笔者据文本绘制而成。与柳田《日本的昔话》或关《日本昔话大成1 动物昔话》中相关故事相同或相近的，已用粗体字标出。

小　结

如果将情节大体相同的故事看作1则，对三个文本进行综合考察，会得出怎样的结论呢？笔者试着将其整理成了下面的表4.4。由表4.4可以看出，在整理后得出的19则故事中，正面形象占了4则，难以断言是正面形象还是负面形象的占了6则，负面形象则占据了剩下的9则。也就是说，总体来看，负面形象依然占主导地位。

表4.4　日本“昔话”中的猴形象①

	《日本的昔话》	《日本昔话大成1 动物昔话》	《新版日本昔话手册》	猴子的形象		
	（1）猴子的尾巴为什么短	1）尾巴钓鱼	①尾巴钓鱼		—	
	（2）貉、猴子和水獭	2）貉、猴子和水獭			—	
			②降伏猴神		—	
	（3）猴子、猫和老鼠			+		
		3a）猴蟹之战 3b）猴子的夜盗 3c）猴子和螃蟹一起种地 3d）老爷爷和猴子 3e）麻雀复仇	③猴蟹之战		—	
	（4）猴子和蟾蜍的年糕之争	4a）猴子和蟾蜍偷年糕 4b）猴子和蟾蜍一起种地 4c）猴子和螃蟹的年糕之争 4d）猴子和螃蟹打年糕	④年糕之争		—	
	（5）猴女婿		⑤猴女婿			△
		5）猴子和水獭			—	
	（6）猴正宗			+		
		6）猴子报恩		+		
			⑥猴地藏		—?	
	（7）海蜇没骨头	7）海蜇没骨头	⑦猴子的生肝	+		
	（8）湖山池					△
		8）大猫和小猫			—	
			⑧桃太郎			△

① 笔者综合本章前三个表格绘制而成。

续表

	《日本的昔话》	《日本昔话大成1 动物昔话》	《新版日本昔话手册》	猴子的形象		
	（9）破屋漏雨	9）破屋漏雨	⑨破屋漏雨		—	
		10）动物赛跑				△
		11）猴子和青蛙的旅行				△
		12）上年纪的猴子				△
计	9则	12则	9则			
	19则			4则	9则	6则

换个角度看，可以认为在两个甚至三个文本中都出现的故事流传范围更广，更有代表性，也更能代表日本人对猴的认知。在本书中，具体体现为（1）/1）/①、（2）/2）、3a）~3e）/③、（4）/4a）~4d）/④、（5）/⑤、（7）/7）/⑦）、和（9）/9）/⑨，共计7个类型的猴故事。其中，5个类型为负面形象，1个类型为正面形象，另有1个类型的猴故事为不宜简单作正负之分的猴形象。

那么，为什么日本“昔话”中的猴子会以上述形象尤其是多以负面形象出现呢?其原因固然是多方面的，目前有两点值得考虑。其一是猴子的智慧程度以及如何运用自己的智慧，其二是猴子怎样处理与人和其他动物的关系。当猴子能够适当运用自己的智慧脱离险境或处理好与人的关系（如知恩图报）时，如故事（3）、（6）、6）、（7）/7）/⑦，其形象往往是正面的，结局也是好的；而当猴子的智慧不如人或其他动物，或过度运用自己的智慧，或威胁到其他动物甚至人类的利益时，聪明就变成了自作聪明或狡猾，其形象往往是负面的，结局也是坏的，如故事（2）/2）、②、3a）~3e）/③、（4）/4a）~4d）/④、5）、8；当猴子身上具有与人类一般价值观不符的特点，如故事（1）/1）/①的轻信他人、⑥的盲信、（9）/9）/⑨的爱出风头时，其形象也倾向负面。毕竟“昔话”是由人创作、讲述和传承的，这时除了要考虑猴子等角色本身的特征，还会或多或少，或自觉或不自觉地受到人的价值判断或曰文化心理的影响。至于无法断言是正面形象还是负面形象的故事，如（5）/⑤、（8）、⑧、10）、11）、12），或是由于猴子是无辜的受害者，或是因为受情节所限，猴子没有更多的登场机会，从而无法提供更多的判断依据等。

这些情况正反映出日本“昔话”中猴形象的复杂性以及日本人与猴子的多元关系，是用非此即彼的二分法难以概括的。

正如柳田国男所说，从“昔话”这一往昔的故事中可以窥见日本人的民间信仰或精神世界。本章以柳田国男《日本的昔话》、关敬吾《日本昔话大成1 动物昔话》和稻田浩二、稻田和子编《新版日本昔话手册》作为文本，对其中出现的猴形象进行了梳理和分析。在进行分析时，笔者时刻提醒自己不要陷入二元论的泛泛而谈，而是要以数据说话，在此基础上给问题定性。结果发现，至少就这三个代表性文本而言，其中出现的猴子虽然也有聪明、知恩图报的正面形象，但还是负面形象居多，这些负面形象具有愚蠢、狡猾、自私、贪婪、好吃懒做、凶恶、盲信、爱出风头等特点。此外，还有些难以简单断言是正面还是负面的猴形象，这正说明了二元论的局限性。这些形象背后多少体现着日本人的价值取向，值得深入研究。

当然，本章的文本选取范围尚有扩大的余地，日本“昔话”中负面的猴形象居多的原因也有待进一步考察，这些将作为今后的课题继续研究。如有可能，将与包括孙悟空在内的中国猴形象进行对比研究。

第五章　非遗传承：民俗信仰中的日本猴

猴信仰在日本信仰史上长期占有较高的地位，作为先于古代日本人生活在日本列岛的生物，日本猴是作为非物质文化遗产①的多种民间信仰的直接或间接的信奉对象，如民俗医疗、厩神信仰、庚申信仰等。通过对这些活态传承中日本猴的分析，可以更真实、更全面地展示日本猴的文化形象。

第一节　日本猴与民俗医疗

印度人喝牛尿治疗疾病这种行为是无稽之谈吗？是仅仅付之一笑就可以的吗?事实证明并非如此。姑且不论牛尿的作用是否已被科学所证明，从民俗学的角度看，喝牛尿的象征意义大于其实际作用。因为牛在印度被视作神圣之物，其身体的每一部分（包括牛尿等排泄物）也因之被神圣化，得以在宗教仪式等场合发挥作用，人们也相信这些圣物可以保佑自己平安、健康。在这一意义上，喝牛尿并非无稽之谈。

戴望云援用医学人类学家阿瑟·克莱曼对医疗活动的分类，将其分为在家治疗的大众部分，由世俗医疗人员及宗教仪式治疗的传统部分，以及由正规医生诊疗的专业部分，进而提出大众和传统的交集即为民俗医疗，称这是“一个基于民间、源于生活、由地方性的文化知识孕育出来的医学体系”②。换言之，这是特定时代背景下普通人的一种生存智慧。由此观之，印度人喝牛尿应该也属于这样一种民俗医疗活动。

---

① 属于第三重证据。

② 戴望云.民俗医疗、医疗民俗与疾痛叙事研究述评——兼论建构医疗民俗学理论范式的可能性[J].杭州师范大学学报(社会科学版).2019, 41(6): 127-133.

这样的民俗医疗活动显然不是印度特有的，而应该是在现代医学网络普及之前在世界范围内广泛存在的，有的甚至现在依然拥有强大的生命力。如果我们把目光投向同属亚洲的邻国日本，也可以发现很多民俗医疗的传统或其实例，其中很多还跟印度或中国有着千丝万缕的联系，在日本广为流传的民间故事《猴子的生肝》或曰《海蜇没骨头》就是如此。日本昔话研究的代表人物如柳田国男、关敬吾、稻田浩二等都曾在各自编著的民间故事集中提到这一故事类型。故事情节大同小异，讲的是乌龟把猴子骗到龙宫，想用猴子的肝做药引子，以治好龙女（或王后）的病，结果龙宫守门的海蜇无意间说出了真相，猴子听后随机应变，谎称自己把肝放在了岸上晒，让乌龟把自己载回岸边，从而得以脱身。

那么，猴子的肝真能治病吗？这样一个家喻户晓的故事到底是空穴来风还是存在现实依据？据石上七鞘在其著作中记载，在日本奥羽（今东北）地区，幼猴和猴子烤焦的头部是民间医疗中治疗各种疾病的灵丹妙药，猴肝也可以卖到很高的价格[①]。这某种程度上为“猴子的生肝”型故事在日本的传播提供了现实注脚。

日本猴与民俗医疗的联系显然不只如此。千松信也曾提及猴子烤焦的头部作为中药的重要作用，他还指出日本民间用猴肉治疗痢疾等病，也有医药或化妆品研发单位将猴子作为实验动物[②]。事实上，猴子烤焦的头部曾在日本大部分地区被奉为治疗头痛、脑病等的特效药。不仅如此，日本猴全身很多部位都可入药。如猴骨可用作治疗黄疸、关节炎、疟疾等的药物，煮食猴肉可以治疗中风、动脉硬化、疟疾、体寒等，猴胆则对清热、眼病、慢性黏膜炎及消化不良有疗效[③]。凡此种种，不一而足，可以说日本猴全身是宝。

猴的身影还频繁出现在入药以外的各种民俗医疗活动中，如第一章第二节所述的祈祷安产、健康的布猴等猴玩具，本章第二节论及的旨在为马祛病消灾的厩猴信仰等，涉及原始崇拜、民俗信仰等方面，内涵极为丰富。以下从民俗视角重点探讨认为猴能治马病的厩猴信仰这一典型例证。

---

① 石上七鞘.十二支の民俗伝承［M］.東京：おうふう.2003.

② 千松信也.けもの道の歩き方［M］.東京：リトルモア.2015.

③ 廣瀬鎮.猿［M］.東京：法政大学出版局.1979.

第二节　厩神信仰的传入

厩神信仰是指在马厩里畜猴或放置头骨等猴身体的一部分，或在拴马桩等处塑猴或画猴，以期为马祛病消灾的一种民间信仰。换言之，就是认为马厩畜猴能够治马的病，猴是马的保护神。具体表现在物或图像上，就是猴与马同时出现，其中猴或戏马，或牵马。这一信仰存在的前提条件是猴与马均已出现在日本，猴显然满足这一条件，那马又如何呢?

据《三国志・魏书・乌丸鲜卑东夷传》倭人条（以下称“《魏志倭人传》”）记载，日本“其地无牛马虎豹羊鹊”[①]。如果此说可信，那么可以认为，在《魏志倭人传》成书的公元3世纪末之前，马尚未传至日本。在西中川骏等人运用现代手段进行的考古发掘中，并未发现绳文时代和弥生时代的马骨[②]。野泽谦基于日本的马具、埴轮马等的出土多集中在5世纪（属于古坟时代）以后这一事实，通过测定不同马种的血液蛋白并进行遗传学比较，指出日本的马属于古坟时代由中国经朝鲜半岛传入的蒙古系马[③]。而由下文的论述可知，同一时期印度和中国早已存在厩神信仰，因此该信仰属于日本原发信仰的可能性较小，而由印度或中国传入的可能性较大。

关于印度方面猴与马复合形象的早期案例，广中智之引东晋法显译印度《摩诃僧祇律》卷四的相关记载，“是猕猴转大，王爱意遂尽，即敕左右，令系马槽柱”，称其为印度“养在马厩的猴子”的例证[④]。然而，此例中猴子被拴在马厩具有偶然性，不能证明是习俗使然，且并未涉及猴治马病等相关内容。其后的印度文献中较早地明确提到此类内容的是《五卷书》，其中有“马

① 陈寿.三国志[M].上海：上海古籍出版社，2002：791.

② 西中川駿，本田道輝，松元光春.古代遺跡出土骨からみたわが国の牛馬の渡来時期とその経路に関する研究[J].平成2年度文部省科研費研究成果報告書，1991.

③ 野沢謙.東亜と日本在来馬の起源と系統[J].Japanese Journal of Equine Science，1992，3：1-18.

④ 广中智之.古代中国猴与马故事的源流——中外文化交流之一例[J].中国典籍与文化，2003（3）：118-123.

身受火烧，痛得受不了；涂上猴油痛就止，正如太阳东升黑暗消”[①]的说法。关于《五卷书》的成书时间，金克木指出：“印度有几种传本，最早的可能上溯到公元2—3世纪，最晚的梵语本是12世纪编订的。”[②]也就是说，印度厩神信仰出现的时间可以追溯至公元2—3世纪。

关于中国厩神信仰的文献记录，广中智之认为东汉王延寿的《王孙赋》是较早的，其依据在于其中有“归锁系于庭厩，观者吸呷而忘疲”的描述[③]。该观点的问题在于，这里的“庭厩”中是否有马等家畜并不明确，不能确定是马厩，因而不能成为猴治马病的确凿文献证据。相较之下，东晋干宝《搜神记》卷三中郭璞通过形似猿的动物让将军赵固的爱马起死回生的故事说得更明确。虽然志怪小说的可信度有待商榷，但至少说明了猴治马病这一观念的存在。类似的记载也见于《搜神后记》卷二和《晋书》卷七二《郭璞列传》，区别只是救马者“似猴”而不“似猿”。张长海列出了一批更早、更有利的证据，那就是汉代墓葬中的画像石等出土文物，如四川成都曾家包汉墓画像石、河南密县打虎亭汉墓等东汉（25—220）晚期墓葬均可见猴子和马同时出现在马厩中的形象[④]。也就是说，至迟在2世纪末或3世纪初，中国已存在马厩畜猴治马病的信仰。这一时间与印度《五卷书》成书时间的上限基本相同。此外，北魏贾思勰《齐民要术》（约成书于6世纪30至40年代）卷六云：“常系猕猴于马坊，令马不畏，辟恶，消百病也。”[⑤]对此，姜荣刚认为《名医别录》成书要早于《齐民要术》，且相关记载更早[⑥]。但是，由于《名医别录》原书已佚，姜的引文来自《本草纲目》，因此本书不作为确证采信。至于猴治马病的最具艺术性的表达，则非《西游记》中的“弼马温”（谐音为“避马瘟”）莫属。按照姜荣刚的说法，是《西游记》作者对传统猴马民俗进行创造性发挥和

---

① 五卷书［M］.季羡林，译.北京：人民文学出版社，1981：387.

② 金克木.梵语文学史［M］.北京：人民文学出版社，1980：215.

③ 广中智之.古代中国猴与马故事的源流——中外文化交流之一例［J］.中国典籍与文化，2003（3）：118-123.

④ 张长海.中国古代猴子与马组合形象的渊源、功能以及寓意［J］.文物世界，2017（2）：30-33.

⑤ 缪启愉.齐民要术校释［M］.缪桂龙，参校.北京：农业出版社，1982：286.

⑥ 姜荣刚.“弼马温”渊源新辨——兼论中国古代猴马民俗与《西游记》小说的创作［J］.文化遗产，2019（5）：82.

借鉴的结果①。

这里暂时搁置厩神信仰究竟起源于印度还是中国的争论，转而从对日传播的现实可能性的视角加以论述。日本和印度交流史上的代表性事件当属6世纪佛教传入日本，但需要注意的是，这并不属于两国间的直接交流，因为佛教是经中国和朝鲜半岛间接传入日本的，这也是古代日本对外交流的主要路径。相较之下，古代日印之间的直接交流在交通等方面存在更多困难。较早的具有代表性的事件可以举出736年菩提仟那到日本弘扬佛法，而此时距离日本派出第一批遣唐使已经106年，距离日本派出第一批遣隋使更是过去了130年左右。虽然遣隋使和遣唐使也面临重重困难，九死一生，但是，在当时的情况下，中日交流较日印交流要相对容易，交流频度和规模也远胜后者。因此，笔者认为，厩神信仰由中国传入（不排除再经朝鲜半岛）的可能性更大，即使起源于印度，也不一定是从印度直接传至日本的，而极有可能经由中国和朝鲜半岛传入。至于其时间的上限，最早可能在前文所述的5世纪，即随马同时由中国经朝鲜半岛传入日本。

与厩神信仰相关，传入日本的还有马的管理制度和马病的疗法等。日本大宝元年②制定的《大宝律令》规定设左右马寮管理官马，这是对唐制的效仿。927年完成、967年实施的《延喜式》中提到左右马寮各设马医二人，马药的材料则包括胡麻油、猪脂等。饶有兴味的是，这两种材料在上文所述贾思勰《齐民要术》中均有提及。其中，据不完全统计，猪脂可以治马黑汗、马疥、马瘙蹄、牛虱等六畜虱，胡麻油则同样可以治牛虱等六畜虱，这些在《齐民要术》卷六中都有明确记载。值得一提的是，《齐民要术》和前文提到的《搜神记》均可见于日本最早的汉籍目录《日本国见在书目录》。据此推测，至迟在该目录编成的891年之前，二书已传至日本。黑川和雄、三井高孟也证实兽医学传入日本是在9世纪左右，当时用的教科书就是来自中国的《齐民要术》和《鹰经》③。所三男甚至认为《齐民要术》在奈良时代以前已传入日本，至少曾由遣

① 姜荣刚."弼马温"渊源新辨——兼论中国古代猴马民俗与《西游记》小说的创作［J］.文化遗产，2019（5）：80-87.

② 701年。

③ 黒川和雄，三井高孟.家畜外科学の歴史［J］.日本獣医師会雑誌，1980（5）：230.

唐使带入，还有可能出现在遣隋使的船上，至迟在平安时代已流传至民间[①]。

在律令制背景下，与左右马寮相关，放牧马的场所也实现了制度化，称为“牧”，意为“牧场”“马场”。这一意义是古汉语固有的，传至日本后也得以保留。原位于今茨城县美浦村的信太马牧就是这样一处官营马场，该马场内于日本贞观四年[②]设立了名为马枥社的神社，意在守护马场中的马匹。“马枥”一词同样来自中国，意为“马槽”。平安时代末期，信太马牧凋落，马枥社先是迁至今茨城县稻敷市幸田，后又于镰仓时代被迁至位于今稻敷市阿波的大杉神社境内，一度被人遗忘。后于2002年（马年）重建，并改称胜马神社。神社内有马和猴的石像各一尊，猴手中牵着马缰绳，可以说是厩神信仰的具体体现。神社附近有日本中央竞马会的美浦训练中心，所以经常会有赛马从业人员或赛马爱好者前来参拜。

众所周知，伊势神宫每隔20年都要迁宫，即在神社内相邻处建设新的神殿等，然后将神灵由旧殿迁至新殿，但建筑样式、供奉的物品等不发生改变。换言之，我们现在看到的伊势神宫和第一次迁宫时应该是一样的。相较之下，普通神社的类似行为称为“迁座”，如果没有特殊情况，建筑样式、神社布局等也不应有变化。如果这一前提成立，那么在马枥社设立时，社内的布局（猴牵马）应与现在的胜马神社一样，也就是说，至迟在862年，日本已存在猴治马病的信仰。

近年的考古发现将这一时间点提前了将近一个世纪。2013年5月，冈山大学埋藏文化财调查研究中心宣布，从冈山市鹿田遗址奈良时代末期（8世纪后半叶）的水井遗址中出土了2件绘马，其中1件画有猴子牵马的形象，这也是迄今发现的日本最早的猴子和马同时出现的绘马。这意味着，至迟在8世纪后半叶，日本已存在猴子是马的保护神的信仰。

由上可知，日本的厩神信仰最早可能在5世纪（属于古坟时代）以后由中国经朝鲜半岛随马同时传入，最晚则在8世纪后半叶的奈良时代末期已经存在。抛开起源问题不论，其相关环节充满诸多中国元素，在传播路径上显示出由中国传入（不排除经朝鲜半岛）的较大现实可能性。此外，邢义田认为，除

① 所三男.「齊民要術」と其の北條實時奥書本に就て［J］.社会経済史学, 1935（11）：1295.

② 862年。

了猴治马病，汉代画像石的猴马复合形象已经包含人们希望“马上封侯”这一寓意[①]。所以日本的厩神信仰如确系经由中国传入，则应是只传入了猴治马病这一信仰，而舍弃掉了“马上封侯”的寓意。这也无可厚非，因为“封侯”的谐音只在中文里讲得通。这反映出日本在引进外来文化时根据本国情况进行了相应的取舍，这也是日本吸收外来文化时的典型特点。

第三节　日本猴与庚申信仰

庚申信仰是指在庚申日晚上守夜以求避灾延寿的一种信仰。庚申信仰与中国文化有着最密不可分的联系，并在发展过程中呈现出日本的特色。众所周知，中国有以干支表示时间的传统。将十天干和十二地支依次配对，会出现六十种组合，用这些组合可以表示年、月、日、时。这些组合中第五十七对即为庚申。具体到庚申日，就是六十天一个轮回，第五十七天为庚申日，一年约有六个庚申日。庚申信仰便与每年六次的庚申日有关。道教认为人的头部、腹部和脚这三个部位有三条称为“三尸”的虫子，这三条虫子会在庚申日的晚上从人体内爬出，到天上向天帝告发人的恶行。罪状不同，受到的惩罚也各异：有的人身体会不舒服，有的人会生病，有的人甚至会死亡。道教还认为，为了阻止“三尸”虫从体内爬出，人在庚申日的晚上不能睡觉。可以认为，这是一种被逼出来的长生术。但一个人熬夜既无趣，又容易睡着，于是人们便开始聚到一起，以聊天的方式度过庚申夜。这就是道教所说的“守庚申”。

按照日本庚申信仰研究的集大成者窪德忠的说法，日本有诸多文献证实庚申信仰始于室内熬夜，这些文献包括《西宫记》《日本纪略》《古今著闻集》《江吏部集》《源顺集》等。他还指出，对庚申信仰的研究，文献、庚申塔和现状三者缺一不可。[②]其中，文献是文字书写的传统文本，庚申塔是物和图像的叙事，现状则可以理解为活态传承，三者联动形成四重证据，这与本书的整体方法论无疑是契合的。

“守庚申”的习俗传入日本后，人们把庚申夜的聚会称作“庚申讲”。

① 邢義田.「猴與馬」造型母題：一個草原與中原藝術交流的古代見證［J］.美術史研究集刊，2009，26.

② 窪德忠.庚申信仰研究法私見［J］.民俗學研究，1960（1-2）：412-437.

“庚申讲”固然具有信仰的色彩，但也有近乎娱乐的性质。作为这种信仰的证明，抑或是出于纪念的目的，室町时代后期，人们开始建造庚申塔。为了能更容易流传到后世，庚申塔一般都是石塔，上面多刻有“庚申”字样。后来开始出现刻有画像的庚申塔，一般是佛教的青面金刚或者是日本固有的神道信仰中的道祖神猿田彦。选青面金刚是因为其有击退病魔的威力，取猿田彦则是考虑到石塔作为路标的作用正好与道祖神的功能一致，而且猿田彦（サルタヒコ）的读音中包括“サル”，两者都多少带有较强的现世利益色彩。这里可以看到道教与佛教或日本神道的融合。必须承认，庚申信仰与猴的关系并非一开始就存在，而是后期附会的结果。江户时代初期，考虑到十二地支中的“申”与动物猴的对应关系，猴的形象开始登上庚申塔。目前发现的刻有“三不猴”的最早的庚申塔出现于承应二年[①]。有的把“不看不说不听”的三只猴子作为主尊，有的则将其刻画为青面金刚的侍从。就这样，原本与猴子无涉的中国的“守庚申”，到日本后变成了“庚申讲”，开始具有娱乐性质，甚至留下了数以万计的多刻有三只猴子的庚申塔。日本文化吸收和改造外来文化的模式和能力由此可见一斑。而在作为庚申信仰发祥地的中国，据学者调查[②]，属于吴越文化区的浙江、江苏部分地区仍可见《庚申经》及庚申会的传承活动，此外地区则几乎已不见该信仰的踪影。

显而易见，庚申信仰是典型的混合型信仰，反映着日本人对多种信仰的糅合，这与加藤周一认为日本文化是一种“杂种文化”的观点无疑是契合的。

由下表可知，日本民间存在许多有关庚申日的俗语或俗信，涉及诸多禁忌事项，可以视作庚申信仰的活态传承。这些俗语或俗信大体可以分为如下几类：庚申日的晚上不能睡觉，而要守夜；庚申日忌行房事，当日出生或怀上的孩子要么身体弱，要么长大后会偷东西；庚申日当天要吃好吃的，如果吃粥、酱汤等日常食物，则会贫穷缠身；庚申日或该日所在的月份容易感冒，一旦感冒就不容易好；此外还有不能杀死乌鸦（即杀生）、不能扎头发等禁忌。综合考虑这些禁忌，也就不难理解“庚申にする”是“放弃”“停止”的意思了，因为在关系自身能否长命百岁的日子，很多事情自然是不能做的，是需要放一

① 1653年。

② 汪桂平.江浙民间的《庚申经》与庚申会［J］.世界宗教研究，2012（1）：96-108.

放、停一停的。

表5.1　有关庚申信仰的俗语、俗信等[①]

俗语、俗信	释义[②]
庚申風	庚申日所在的月份容易感冒
庚申甲子	庚申日和甲子日宜忌房事
庚申様の晩に妊娠すれば生まれた子は弱い	庚申日的晚上怀的孩子身体弱
庚申様の日に味噌汁を炊くと七代貧乏する	庚申日做酱汤穷七代
庚申月に風邪をひけば六十日抜けぬ	庚申日所在的月份得了感冒不容易好
庚申月に烏を殺すな	庚申日所在的月份不要杀死乌鸦
庚申に粥を食えば貧乏になる	庚申日吃粥会变穷
庚申にする	放弃、停止
庚申の日に生まれた子は手が長い	庚申日出生的孩子长大后有偷东西的毛病
庚申の夜に生まれた子は盗人になる	庚申日的晚上出生的孩子长大后偷东西
庚申の夜に孕みたる子は盗みす	庚申日的晚上怀上的孩子长大后有偷东西的毛病
庚申の夜には眠るべからず	庚申日的晚上不能睡觉
庚申の夜の俗歌	庚申日的晚上用来欺骗三尸虫的歌谣。幌子
庚申の料理は三里戻っても馳走になるもの	庚申日的饭菜就是好吃
庚申祭の日に髪を結えば行こうと思うところに行けぬことあり	庚申日把头发扎起来有可能会去不了想去的地方
庚申を守る	庚申日守夜

因为民间最能保持古代传统，所以有人简洁地说，民间的往往是真正民族的。真正可以透见民族性的不是正教，而是俗信迷信；不是正史，而是轶史（传说、神话）；不是正统文学，而是民间文学；不是教会规范，而是民间风俗习惯。[②]

① 本表系笔者据以下文献绘制：加藤迪男.十二支（えと）のことわざ事典［M］.東京：日本地域社会研究所，2010.

② 中文释义出自笔者。

② 高丙中.民俗文化与民俗生活［M］.北京：中国社会科学出版社，1994：9.

小　结

本章对作为非物质文化遗产的有关日本猴的典型民俗信仰进行了论述。其中，民俗医疗中的猴浑身是宝，其疗效有的是日本固有的，有的则是外来的；厩神信仰最早可能由中国经朝鲜半岛随马同时传入，最晚在8世纪后半叶就已存在，但日本对这一信仰并非全盘接受，而是根据本国特点舍弃了“马上封侯”的意蕴；庚申信仰由中国传入日本后，变成了典型的混合型信仰，反映着日本人对多种信仰的糅合，其中的猴作为主尊的侍者出现，是对作为神的使者的猴的呼应，是这一身份的变相体现。

有关日本猴的民俗信仰的显著特点是在保持自身固有特色的同时，不断吸收外来文化的影响，并将两者较好地融合起来。这一方面是日本猴形象变迁的生动体现，同时也与日本文化的总体特征相呼应，体现出猴文化在日本文化中的典型性。

第六章　后代创作：日本近现代文学典型文本中的猴形象

历史发展至近现代[①]，日本文化中的猴形象一方面留下了可供传承的丰厚的文化传统，另一方面也面临着时代形势的新变化。在两者的共同作用下，近现代文学中出现了有关猴的新的典型文本和随之而来的新的猴形象。从N级编码的角度看，这些后代创作的新文本和新形象可以视作对早期猴形象的改编或演绎。

具体而言，选择作品时的标准，一是看是否与日本猴文化传统一脉相承并有所发展；二是看相关作品中猴形象的多寡，尽量选择猴形象出现较多的作家作品；三是看其中的猴形象刻画得是否较典型。此外，还将适当结合作家作品的知名度进行综合取舍。基于这些角度，本章选取了芥川龙之介作品和椋鸠十动物小说中的猴作为分析对象。前者对《今昔物语集》和"昔话"等口传文本多有继承和发展；后者则承担了日本猴的生态职责，能够体现受日本原生地理环境影响的日本猴及其文化形象的特殊性，并且表现出诸多与世界动物保护主义思潮的吻合之处。

第一节　芥川龙之介作品中的猴形象

猴在日本近代著名作家芥川龙之介的作品中频繁出现，这不能不让人注意。在其创作于1915年的名作《罗生门》中，提到拔死人头发的老妇人时，

① 此处按照日本历史时代的一般划分标准，将明治维新（1868年）至二战结束（1945年）视作近代，将1945年之后视为现代。

有“白头发的像猴子一样的老妇人”这样的描写，并且形容老妇人拔头发的动作“像猴子给小猴儿捉虱子一样”。写于1925年的未完成作品《春》中，辰子原本很憎恶的笃介后来却成为其恋爱对象，他的绰号就是“猴子”。事实上他确实脸很红，眼睛炯炯有神，看上去像猴子，一成不变的貌似穷酸的衣着和态度也给人以这种印象。这里利用了与猴子的生物学特征的相似之处。芥川作品中猴子的形象不止于此，除《地狱变》中的小猴子以外，在《猴子》《猴蟹大战》《桃太郎》中出现的猴子均为负面或“恶猴”形象。这一特点应非偶然。本节将在文本分析的基础上，对芥川如此塑造猴形象的原因进行解读。

《猴子》写于1916年，讲的是军舰上的一个号兵奈良岛因为偷东西被实习生“我”活捉，先是关了一天禁闭，第二天被送到了海军监狱。因为军舰上以前曾发生过猴子偷舰长手表的事，所以在抓住奈良岛之前我还跟关系很好的牧田开玩笑说这次的猴子不像上次敏捷。在抓到号兵的一瞬间，我却有些自责。事后牧田跟我说“活捉了猴子，大功一件啊”的时候，我却说“奈良岛是人，不是猴子”。我感叹猴子可以免于惩罚，人却不会。这里的“猴子”显然代指小偷，是低人一等的被唾弃的存在。

无独有偶，除了芥川用猴子比喻偷盗者，把猴塑造成小偷形象的小说还有村上春树的《品川猴》。小说中，品川猴是具有男性声音的会说话的猴子形象，它偷盗了写有主人公大泽瑞纪名字的名牌，导致大泽常忘记自己的名字。“偷盗者”是日本文化中根深蒂固的猴形象。如前文所述，谚语中也有“猿猴する”的说法，意为“偷盗”，这是从猴的生物特征即臂长这一特点引申出的意义。与之相比，猴的取物天性加重了人对猴的偷盗者形象的观念。这样说是因为，起初，当少量的猴与人接触时，猴子习惯性地发生了类似在大自然中取物的行为，这种行为从人的角度来看，属于“不声不响地拿走”，即所谓偷盗。但这种情形下，人对于猴的偷盗者形象是具有戏谑意味的。然而，随着人类不断地扩张生活领域，人猴之间形成了生态资源竞争者的关系。人类砍伐深林，耕种土地，侵占了猴的生存环境，猴群开始到农田取食。从人的立场来看，猴群的行为已经是不折不扣的偷盗了。至此，猴的偷盗者形象便在人的头脑中从逻辑想象固定为事实，“猴具有偷盗的属性”这一观念固化了。猴的取食行为在后文即将讨论的椋鸠十的猴小说中也有涉及，相比较而言，椋鸠十能够更加客观地描述猴的取物习性，并采取予以理解的态度。这是文学作品中的猴形象从人类中心主义过渡到生态主义的一个表征。在传统的伦理价值判断中，动物常被赋予被动的“他者”形象，一旦人类需要或动物闯入人类的生存圈，通常处于被支配、被打杀，甚至被毁灭的境地。而对动物的“他者”的逻辑想象，经过古人反复传播加工，再加上政治、经济等社会伦理因素的作用，往往会形成集体无意识，在很长一段历史时期内影响着人们的行为与思维方式[①]。

《地狱变》是芥川在镰仓时代初期的说话集《宇治拾遗物语》中的“绘佛师良秀”（卷三 六）这一故事的基础上改编的，于1918年4月创作完成，讲的是艺术至上的画师良秀为了完成名为“地狱变”的屏风画而眼睁睁地看着女儿被大火烧死的故事。两者明显的不同之处在于，原故事中根本没有猴出现，而改编后的作品中“猿”字出现了36次。这个字在日语中一般用来指代动物“猴”，所以可以说这是与猴密切相关的一部作品。从完全没有出现到出现36次，这巨大的反差说明，作者一定是想通过猴来表达些什么。具体而言，该作品中出现了一对截然相反的“猴”形象。一个是指才能突出但目中无人的画师良秀，他因为相貌和性格古怪而被众人取笑为“猿秀”，意即像猴子一样的良秀。另一个则是丹波国进献的小猴子，因为偷东西被少主追赶，被聪明且人缘好的良秀女儿所救，之后与良秀女儿亲近起来，也因此待遇大变，不再被人欺负，反而成为众人喜爱的对象。良秀女儿生病的时候小猴子会守在枕边，她被大火困住的时候小猴子跳入火中试图挽救，而这些都是父亲良秀没有做到或者说没有去做的事。值得一提的是，小猴子的名字也是“良秀”，是少主出于恶作剧而起的。一个是像猴子的人，一个是真猴子，两者有着完全相同的名字，显然内含深意。作者让两者形成对比，以彰显小说主题。

学界在小猴良秀是画师良秀的参照这一问题上基本达成一致，认同小猴是道德的象征，而画师是艺术至上的象征。作为“良”的代表的小猴是芥川作品中猴的唯一正面形象。

“良秀”二字可谓“一体两面”，所谓“一体”是指芥川对“完人”，

① 刘卫英，王立.欧美生态伦理思想与中国传统生态叙事［M］.北京：北京师范大学出版集团，2014：3.

即德艺双馨的期盼；所谓“两面”，是指小猴“良”的一面和画师“秀”的一面，即小猴是善良的象征，画师是技艺高超的代表。芥川将道德和艺术同时放在审判台上，让读者充当审判官，小猴和画师的死亡体现出芥川对道德至上还是艺术至上这一问题的无解。

小猴的死亡从文化角度理解，是传统文化中人类褒扬动物殉主的表现。目前，学界研究的视角大体将小猴视作画师的反衬，主体是画师，客体是小猴。如果换个视角，将小猴看作主体，考察“小猴良秀的故事”，那么小猴与画师女儿的故事颇具王立所说的“义殉恩主型”异类悼丧故事的意味。动物的殉死行为“被解释为殉主尽义，以毁灭自己的方式表达对恩主的情谊，如同人世间的义结金兰。恩义，这种特定人文环境中不断重申、强调的伦理光环，赋予了人世间种种非血缘的关系存在，以胜于血缘亲属关系的深刻意蕴”①。这类故事旨在借动物讽喻人，达到“禽兽尚且知恩图报，人何以堪？”的训导效果。一面是殉主的小猴，一面是以大火焚烧女儿的场面为素材作画的画师，芥川将道德和艺术的表现同时推向顶点，形成了强烈的画面反差，将价值判断的主体——读者逼仄到两难的境地。

芥川小说大体上延续和发扬了猴的负面形象。在他的改编小说《猴蟹之战》和《桃太郎》中，塑造了更加鲜明的“恶猴”形象。

《猴蟹之战》是芥川于1923年2月写就的作品。从题目和内容可知，这是对日本著名“昔话”《猴蟹之战》的改编，或者说是类似于其后传性质的作品。小说中，螃蟹杀了猴子为父报仇后，被判了死刑，从犯蜜蜂、鸡蛋等被判了无期徒刑。原因是没有证据可以证明螃蟹对猴子的指控，螃蟹的律师也劝其放弃。更为不利的是，媒体舆论和社会各界绝大多数对该判决表现出一边倒的支持态度，螃蟹的妻子沦为妓女，大儿子“幡然醒悟”，开始残害同类，二儿子做了小说家，三儿子则走上了螃蟹的老路，开始又一轮循环。作品最后总结说与猴交战的螃蟹必为天下所杀，接着笔锋一转，说读者大抵都是螃蟹。

简而言之，作恶的明明是猴子，复仇的螃蟹却为天下所不容，死不瞑目，其家人也要么沉沦，要么以恶为善，要么重复父辈的悲剧。作品中猴子虽

① 王立.古代动物悼亡殉死传说的文化内蕴［J］.荆州师范学院学报，2000（1）：32-36.

然没有正面出现，却又像一面巨大的黑幕一样无所不在。始作俑者得不到应有的惩罚，弱者的反抗却成了原罪。貌似荒诞的改编，背后却是对社会不公和罪恶的无尽讽刺和深刻针砭。毋庸赘言，这里的猴子是恶的形象，而且比原来的“昔话”中的形象更具有威胁性和压迫感。

芥川龙之介改编的著名“昔话”不只有《猴蟹之战》，还有《桃太郎》，后者创作于1924年。经芥川改编后故事的大框架与原故事基本一致，描写的都是桃太郎如何带着狗、猴和野鸡去征服鬼岛。至于登场人物的刻画和具体的细节，则与原著截然不同。其中，猴因为没有韧性而被狗看不起，这与日语中表示两者关系不好的谚语暗合。猴还精于算计，表示只有半个黄米团子的话，得考虑一下要不要跟桃太郎去征伐鬼岛，为此差点被狗咬死。最后是桃太郎以鬼岛上的宝物作诱饵，才让欲念深重的猴子打消了打退堂鼓的念头。踏上鬼岛的桃太郎一行都是杀人不眨眼的恶魔，其中猴子在绞杀鬼岛的女性前对其极尽凌辱之能事，是个不折不扣的“恶猴”。芥川在此还不忘对人类的讽刺，说这是因为猴与人类是亲戚关系。确实，从某种意义上说，猴对人类的负面形象多有分担，类似一种“替罪猴”的角色。在故事的结尾部分，猴子被鬼岛上的幸存者误认作桃太郎杀掉，可以说这也跟猴子与人相似不无关系，这可能是猴子不曾算计到的。

关于猴对桃太郎负面形象的分担，或曰桃太郎对猴负面形象的加持，尚可举出包括芥川本人在内的旁证。滑川道夫指出，最先将桃太郎作为侵略者进行讽刺的是芥川①。根据关口安义的考证，芥川的这种桃太郎观无疑受到了中国学者章太炎的影响：芥川于1921年在中国旅行之际，曾在上海拜访过章太炎，后来还在发表在1924年《女性改造》杂志上的随笔《僻见》中介绍了章太炎所说的“我最讨厌的日本人是征伐鬼岛的桃太郎。对喜爱桃太郎的日本国民也不得不有所反感”，称章氏的话“比所有日本通的雄辩都包含着真理”②。首恶桃太郎是侵略者，跟随桃太郎征伐鬼岛的猴子同样难免负面形象，只不过是主犯与从犯的区别。如果说与章太炎的会面为芥川日后创作《桃太郎》提供了契机，那么从时间线来推测，除了《桃太郎》，发表于1923年的《猴蟹之

① 滑川道夫.桃太郎像の変容［M］.東京：東京書籍，1981.

② 菊地弘，久保田芳太郎，関口安義.芥川龍之介事典［M］.東京：明治書院，1985：37.

战》中的猴形象的塑造也不排除受到了这种桃太郎观的影响。结果就是，原本可能是大人讲给孩子听的“昔话”，经芥川改编后，生发出诸多新的内涵，变得极为复杂、深刻。特别是其中的猴形象，简直就是“邪恶”的代名词，作恶多端，并且几乎一无是处。

第二节　椋鸠十猴故事中的生态叙事

椋鸠十（1905—1987）原名久保田彦穗，日本长野县人，小说家，儿童文学作家。1938年在杂志《少年俱乐部》上发表作品《山上的熊太郎》，其后专门从事面向儿童的动物文学创作，是日本少年动物小说的开山鼻祖，作品曾获儿童出版文化奖等多个奖项。他的故乡和他长期工作过的鹿儿岛县均建有其纪念馆。1991年，日本设立了“椋鸠十儿童文学奖”。椋鸠十曾同我国老一辈动物小说作家安伟邦（1930—1991）联系紧密，安伟邦翻译了椋鸠十的《太郎与阿黑》《两只大雕》《孤岛的野狗》《金色的脚印》等诸多佳作，“至今仍是中国作家创作动物小说的最好借鉴”[①]。

椋鸠十作品中以猴子为主人公或主要角色的有《椋鳩十のサル物語》等。《椋鳩十のサル物語》共收录有《小猴子日吉》等11篇作品，这些作品原本散落各处，1996年由东京的理论社结集出版。该书在中国有题为《椋鸠十动物小说 小猴子日吉》的中译本，由程亮翻译，九州出版社出版。

生态叙事是生态批评的组成部分，生态批评除生态叙事外，还包括作家生态思想或生态意识研究。本部分以《椋鸠十动物小说 小猴子日吉》中的11篇小说为研究对象，分析椋鸠十猴故事中的生态叙事，兼论椋鸠十的生态意识。

一、猴的生存生态

椋鸠十历任鹿儿岛县加治木女子学校教师、鹿儿岛县立图书馆馆长、鹿儿岛女子短期大学教授，他创作的动物故事大部分以鹿儿岛县大隅群岛中的屋

① 朱新望.我知道的中国动物小说［J］.科普创作通讯，2011（2）：18-20.

久岛为背景。

首先来看《野性的呐喊》的故事梗概[①]：

屋久岛的山上覆盖着大片原始森林。我来这里看猴子，看到的却是从远古延续至今的原始森林遭到严重破坏，炸药和机器的喧嚣代替了大自然原有的宁静。伐木工人向“我”诉说猴子连着好几天抢走工人们的午饭，工人们对此又是惊讶又是气愤。不过，我认为工人失去的只是午饭，猴子失去的却是赖以生存的整个家园。我进山寻觅猴子踪迹而不得，夕阳沉入大海的瞬间，一片火红的山岩上出现了猴群，它们望着西沉的落日，发出异常凄凉的叫声。“那种声音，像是对毫不留情地破坏它们家园的人类所发出的愤怒的呐喊，又像是失去依靠和家园的野生动物们绝望的哭诉。”[②]

椋鸠十动物小说中较少出现说教式的文字，但在《野性的呐喊》这篇作品中，作家罕见地痛心疾首地大声疾呼。猴子的愤怒亦是作家的愤怒，猴子的绝望也是作家的绝望。小说对屋久岛的海岸、各色的鱼、农田、原始森林里的屋久杉的描写，为读者呈现出了多姿多彩的屋久岛风景，这与“我”目睹的被砍伐后的山林对比鲜明，被破坏的环境令人触目惊心。小说中猴子连续几天抢走工人午饭的细节描述体现出作家对猴子机智、敏捷、聪慧的赞扬，机智敏捷的猴子与愚钝的工人形成对比，体现了作家对过度砍伐行为的批评。作家毫不掩饰对猴子的赞赏：“人类首先发难，侵夺了猴子生存的领地。而猴子钻人类的空子，巧妙地反抗人类。这真是一群不屈不挠、令人敬佩的猴子。”[③]小说中写道，“按照屋久岛当地人的说法，岛上有两万人口、两万只鹿和两万只猴子，一共六万”[④]。由此可见，不仅椋鸠十认为人和其他动物是平等的，当地居民也持相同见解：屋久岛是众生的屋久岛，而不是人类的专属物。在这里，生态中心主义得到强调。

如果说《野性的呐喊》揭示了人类对猴生存环境的破坏，那么《猴子的异变》则讲述了人类为获得经济利益对猴生存方式的破坏，其梗概如下：

① 本节梗概为笔者据原文总结，以下同。

② 椋鸠十.椋鸠十动物小说：小猴子日吉［M］.程亮，译.北京：九州出版社，2018：82.

③ 椋鸠十.椋鸠十动物小说：小猴子日吉［M］.程亮，译.北京：九州出版社，2018：77.

④ 椋鸠十.椋鸠十动物小说：小猴子日吉［M］.程亮，译.北京：九州出版社，2018：78.

真冈角春分日的夕阳分外美丽，被当地老人称为“极乐天”，却引不起年轻人的兴趣。为了村子的发展，在村长的支持下，老人们成立了真冈角旅游协会，讨论如何宣传“极乐天”。最后，大家决定请一位大学教授到真冈角考察并提出发展建议。教授提议把附近山里的猴子吸引到村子里来，进而吸引众多的游客。村民们立即行动起来，把地瓜撒在猴子出没的树林附近，成功把猴子吸引到了村里。着急的村民还把地卖掉，建起了小旅馆或其他休闲娱乐场所。找到理想食堂的猴子们开始大量繁殖，并且理所当然地把村子里的食物都当成是自己的，被宠溺得不行，村民们期待的游客却不见踪影。无计可施的村民恳求县里猎杀猴子，请求最终获得农林省的许可，将近一半的猴子被枪杀。可是，剩下的猴子的破坏程度丝毫不亚于以前，村民们依旧怨声载道。

1955年[①]，屋久岛为了吸引游客，作出了喂食野生猴子的决定，并付诸实施。椋鸠十听后怒不可遏，并在《猴子的异变》中反映了这一问题。小说中，贫穷的真冈角村民为了发展旅游业，请来村田教授——“一位看上去有七十五公斤重的理科博士”，“村田教授体魄健硕，当地人第一眼就觉得他值得信赖”[②]。椋鸠十字里行间透露出对村田的讽刺和对肤浅的当地人的挖苦。考虑到屋久岛喂食野生猴子的先例，可以设想椋鸠十的《猴子的异变》是有的放矢的创作。小说字里行间充满着作家对利欲熏心的村民、机会主义者村长和装腔作势的大学教授的批评和讽刺。现实中，在椋鸠十的抗议下屋久岛停止了喂食野生猴子，但已经产生了不良后果，“有些猴子已经尝到了喂食的甜头，见了人就会一拥而上，伸手讨食”[③]。作家在小说中提出了喂食野生猴子对人类生存的威胁：“死里逃生的猴子们就再次来到村里，大肆掠夺。”[④]椋鸠十意图指出，破坏包括猴子在内的野生动物的生存方式，不仅对野生动物是戕害，对人类也有害无益。“猴子介入人类社会，破坏人类社会的秩序与安定，已经不是一个单纯的自然生态的问题，而是一个人类无节制扩张侵夺生态资源污染生

① 原文为“昭和三十年”，此处从西历。

② 椋鸠十.椋鸠十动物小说：小猴子日吉［M］.程亮，译.北京：九州出版社，2018：158.

③ 椋鸠十.椋鸠十动物小说：小猴子日吉［M］.程亮，译.北京：九州出版社，2018：169.

④ 椋鸠十.椋鸠十动物小说：小猴子日吉［M］.程亮，译.北京：九州出版社，2018：167.

态资源导致的社会问题。”[①]姜戎在《狼图腾》中也描写了由于人类破坏了狼的生存生态，本不吃人的狼群开始大肆攻击人类的场景。在表现生存生态遭到破坏后野生动物反击人类这方面，椋鸠十的生态意识与其他动物小说家是相同的。

二、人猴关系

椋鸠十十分关注人猴关系，《椋鸠十动物小说 小猴子日吉》的11篇小说中9篇涉及人猴关系。9篇小说根据人猴关系的紧张程度，可分为三类：人猴友善（3篇）、人猴冲突（4篇）、人和猴从冲突到和解（2篇）。

（一）人猴友善

《小猴子日吉》《岩洞里的猴子》《淘气的猴子》三篇小说讲述了人猴友善相处的故事。《小猴子日吉》和《岩洞里的猴子》讲述少年和小猴的嬉戏和笃厚的友谊。少年危难之时，《小猴子日吉》中日吉出手相救，《岩洞里的猴子》中母猴舍命搭救春夫和小猴。

在《小猴子日吉》中，幸岛上的猴子被人类驯化了，他们逐渐和小男孩幸雄一家熟识起来。尤其是聪明的小猴子日吉，和幸雄格外亲近，幸雄一家也都把它当成家人一样对待。杨梅成熟的季节，幸雄给猴子们带来了地瓜。不过杨梅显然更有诱惑力，幸雄也被日吉拽去吃杨梅。幸雄在杨梅树上越爬越高，越摘越起劲，无意间双手抓住了一根枯枝。枯枝禁不住幸雄身体的重量，结果幸雄摔下杨梅树，摔伤了腰，右肩关节也脱臼了，仰面朝天躺在地上一动也不能动。日吉想以自己的方式帮助幸雄，却无济于事。幸雄也绞尽脑汁想让日吉去搬救兵，日吉却似懂非懂。正当幸雄一筹莫展时，他看到自己家的方向青烟袅袅，应该是妈妈在烧垃圾。他想起以往妈妈烧垃圾的时候都会把地瓜放在灰烬里烤，而日吉每次看到烧垃圾产生的烟都会去讨地瓜吃。于是，幸雄让日吉往青烟的方向看，日吉似乎开了窍，向幸雄家跑去，而幸雄也终于得救。

在《岩洞里的猴子》中，一次采摘完山葡萄往山崖下走时，春夫偶然发现了一个岩洞，里面蹲着一只一动不动的猴子。春夫看得正入神，突然感觉胳

① 刘卫英，王立.欧美生态伦理思想与中国传统生态叙事［M］.北京：北京师范大学出版集团，2014：77.

膊火烧火燎的，原来是一只小猴子咬了他一口。经过观察，春夫得知那是一对母子，猴妈妈身患重病，几乎动弹不得。春夫并不记恨小猴子，反而每天带来小猴子爱吃的食物。渐渐地，小猴子接受了春夫的善意，两者变得亲近起来，经常一起玩耍。一天，春夫和小猴子玩累了，躺在洞口的岩石上睡着了，丝毫不知道一条凶恶的野狗正慢慢向他们靠近。这时，风向变了，生病的猴妈妈闻到了野狗的气味，拖着病体大叫一声扑向了野狗。措手不及的野狗被咬了一口，但体力的优势让它很快占了上风。被惊醒的春夫马上弄清了状况，捡起一根粗大的树枝赶跑了野狗。可是，猴妈妈却因为失血过多，永远地离开了小猴子和春夫。

《淘气的猴子》讲述了成年人和老年人对猴子偷盗食物的理解和宽容，其梗概如下：

“我”和导游在山里宿营，钻进帐篷很快就睡着了。突然，“我”醒了过来，耳边传来细微的响声。导游说可能是下雨了，于是我们钻出了帐篷去查看，发现根本没下雨。我们透过头顶的树枝向天空望去，发现有很多紫色的大星星正闪闪发光。向导告诉“我”那不是星星，而是猴子的眼睛。第二天早上醒来，我们发现装食物的登山包不见了，无奈只好沿着来时的路往回走，结果在三十米远的岩石上发现了我们的登山包。一同被发现的还有猴子们留在巧克力上的牙印和岩石上的猴子毛。知道是猴子所为之后，我们不再生气，反而觉得很愉快。当天“我”住在了向导在山脚下的家里，向导的母亲给“我”讲了淘气的猴子在地窖里偷她家地瓜的事，言谈中对猴子却并不生气。

值得一提的是《小猴子日吉》中小猴子日吉名字的来源：“日吉是日本名臣丰臣秀吉小时候用过的名字，起这个名字的意思是说，这只小猴子就像丰臣秀吉小时候那样聪明。”[①]其实这个名字还有另外一层含义：祭祀山王的神社日吉神社遍布日本全国，而山王信仰中猴子是山王的使者，充当着人与神之间的媒介。将“日吉”用作小猴子的名字，一方面表现出对日本猴文化内涵的了解，同时也是主人公幸雄乃至作者椋鸠十对这只猴子的美好期许。从另一个角度看，这篇小说的篇名“小猴子日吉”同时也是整本小说集的题名，由此足

① 椋鸠十.椋鸠十动物小说：小猴子日吉［M］.程亮，译.北京：九州出版社，2017：5.

可见作者对这一作品的重视程度，说明作者更希望看到和谐的人猴关系，而不是后文的人猴冲突。

“猿猴懂人性通人情，其物种属性接近于人，而最突出的莫过于对于人类的救助，能履行报恩的伦理规则。”①并且，“猿猴报恩，具有动物学的根据及其人类学意义，当代人类学家的许多实地考察结论，证明了这一点”②。三篇小说数量虽少，但内容上涵盖了少年、成年人、老年人等各年龄段人群与猴的友善相处。由此可见椋鸠十展示人猴和平相处的方法：人要理解、包容猴的习性，认同其对人类的价值。

（二）人猴冲突

椋鸠十在表现人猴冲突方面着墨颇多。《笼子里的猴子》《野性的呐喊》《山之怒》《猴子的异变》这四篇即属此类。如前所述，《野性的呐喊》和《猴子的异变》中，猴群作为生态主体，与人类形成生存资源竞争，人类利用高于猴的智力和技术侵占猴群领地（《野性的呐喊》），或由于人对猴群生存方式的不当干预，招致生存资源被猴群抢占的后果（《猴子的异变》）。

《笼子里的猴子》和《山之怒》均讲述了猎人和猴子斗智斗勇的故事。

《笼子里的猴子》中，在时隔五年之后“我”再一次来到屋久岛，岛上的朋友花田说有东西给“我”看，带“我”来到了他家后院。后院有一棵大树，树下有一个大笼子，笼子中关着一只“我”似曾相识的猴子——猴群中极为罕见的母猴首领巴御前。五年前，正是巴御前破坏了花田、“我”和一名猎鹿高手的猎鹿计划。同样是五年前，岛上最有名的捕猴人那须在从陷阱里拿出一只小猴子时，被巴御前咬伤了腿。两年前，那须用一只小猴子诱捕了巴御前。性情暴躁的巴御前在被捉后一开始拒绝吃东西，后来终于抵不住食物的诱惑，不得不屈从于人类的意志，嘴里还时不时地发出哀鸣。

在《山之怒》中，屋久岛上的猎人佐佐木去查看自己布置在树林里的陷笼，惊走了围在陷笼旁边的十几只大猴子。原来里面关着一只小猴子，大猴子们想挪动陷笼救出它。佐佐木确认过周围不再有猴子潜伏之后，抱着小猴子走出了笼子。刚走了两三步，刚才的大猴子们又窜了出来，把佐佐木团团围住。

---

① 刘卫英，王立.欧美生态伦理思想与中国传统生态叙事［M］.北京：北京师范大学出版集团，2014：77.

② 刘卫英，王立.欧美生态伦理思想与中国传统生态叙事［M］.北京：北京师范大学出版集团，2014：84.

佐佐木捡起一根木棒后退着下山，猴子们则紧追不放。佐佐木不小心被一个树桩绊了一下，这时一只大猴子从树上一跃而下，一口咬住了佐佐木的左腿。佐佐木用木棒击打猴子，猴子不为所动，反而越咬越紧。佐佐木疼痛难忍，只好放开了小猴子，咬住佐佐木的大猴子见状也从佐佐木身上跳开，与猴群欢呼着离开。

两篇故事都涉及大猴为救出被猎人捉住的小猴与猎人较量，导致猎人伤残的情节。《笼子里的猴子》中的猎人那须腿瘸以后，立志活捉致使他残疾的母猴首领巴御前，最终得手。小说中刻画了巴御前勇猛、智慧的猴群首领形象，称它为“落难的英雄”。“我”的朋友花田以驯养巴御前为乐，而“我”却体会到了巴御前失去自由的悲伤。值得注意的是，《笼子里的猴子》中的猎人那须和《山之怒》中的猎人佐佐木，同样是因为捕猎小猴时被前来营救的大猴致残，但两人的反应却截然相反：那须向巴御前复了仇，而佐佐木却在讲述完故事之后“毫无顾忌地哈哈大笑”。椋鸠十并非过激的动物保护主义者，他在两篇故事中为读者呈现了猎人的两种生命体认，并且未做价值判断。事实上，狩猎作为一部分人的生存手段，“猎人”已然是职业的一种。在探讨人与动物的关系时，猎人作为一类特殊人群，主体性是一个问题。“一方面，人类如果脱离了他所处的生命系统和环境系统，就不可能成其为人。一方面，人类如果不在一定意义上超越生命系统和环境系统，而一直处于盲目被动中，那么就与动物没什么两样，人亦不成其为人。”[①]椋鸠十的生态观与之偶合，那须属于前者，佐佐木则是后者的代表。

（三）人和猴从冲突到和解

《朝霞辉映的大山》情节虽不如椋鸠十的另一部动物小说《金色的脚印》丰富，但二者在少年同情被捕猎的小猴（《金色的脚印》中是小狐狸）、母猴（母狐狸）隔着笼子喂奶、少年放生等情节上不乏相同之处。

《朝霞辉映的大山》的梗概如下：

春夫跟着爸爸的猎人朋友源次去查看捉猴子的陷笼，结果看见猴妈妈想救出掉在笼子里的小猴子。猴妈妈被源次吓走了，小猴子则浑身颤抖着被源次

① 夏军.非理性世界[M].上海：三联书店，2002：340.

从笼子中取出后带回家里，哀鸣不已，将被送去大学医院。春夫觉得它们很可怜。第二天早晨，春夫又去源次家看小猴子时，吃惊地发现猴妈妈正隔着笼子给小猴子喂奶，母猴冒险施救而不得后借助笼子挤奶喂小猴的场景触动了春夫的心灵。于是，春夫缠着爸爸说自己想要那只小猴子，一通软磨硬泡之后心愿得偿。次日早晨，看着猴妈妈通过早已打开的笼子门抱走小猴子冲向朝霞辉映的大山，春夫心中一片光明。

《回归山野》讲述的是被人类圈养的大块头猴子挣脱锁链回归大山的故事。有一只大块头猴子，它从小就被人类用锁链拴在一根横梁上圈养。有一天它无意间挣脱了锁链连接横梁的那一头，向山里走去。由于锁链的另一头还在脖子上，原本就大块头的它如虎添翼，获得了一个猴群的承认，成为里面最厉害的猴子。有一次，有一只小猴子被迫爬上了猎人三吉用作陷阱的木桩，木桩下面被猎犬团团围住。千钧一发之际，大块头猴子拖着锁链，成功吸引了猎犬的注意力，让小猴子得以回归猴群，自己却不得不爬上河滩上的巨岩，陷入巨大的危机。大块头猴子虽然一度击退猎犬的攻击，得以跳下岩石跑向山崖，但还是被速度更快的猎犬追上。这时对这只猴子充满敬佩的三吉吹响了口哨，命令猎犬停止攻击，而大块头猴子也赢得猴群敬仰，成了猴群真正的首领。

两篇小说都包含人类从猎猴到放生的情节。不同在于，《朝霞辉映的大山》中猴子为猎人所猎，由少年春夫放生；《回归山野》中猎人有感于猴子的英勇，放弃捕猎。椋鸠十展示了人猴关系从冲突到和解的可能性，为少年及包括猎人在内的成年人提供了与猴和解的途径：同情、怜悯、放生。因为“人猴关系本质上不是人类强势压制能处理好的，对其他生态主体的压迫也会使人类自身受到损伤，付出代价”[①]。这一点也是椋鸠十在这9篇表现人猴关系的小说中力图表达的。

传统的人类中心主义生态观在动物叙事文学中不可避免地显露出来。被人抚养长大的小猴放归山林之后与前主人相认的故事，或动物表露对主人忠诚的故事等“充满了人类中心话语下的动物驯化理念”[②]，在某种程度上都是人类中心主义的表现。中国传统动物生态文学中的猴叙事，多为作者从人类道

① 刘卫英，王立.欧美生态伦理思想与中国传统生态叙事［M］.北京：北京师范大学出版集团，2014：77.

② 刘卫英，王立.欧美生态伦理思想与中国传统生态叙事［M］.北京：北京师范大学出版集团，2014：68.

德角度对猴习性进行批判，作为生态主体的猴，在传统文学中被人为扭曲，从而产生了大量非传统、反传统的猴叙事。进入20世纪，传统生态思想向现代生态意识过渡，从以人类为中心转变为以智力生物为中心①，研究者不仅关注野生动物的生态主体性，对人类驯养动物回归山林也给予了特别关注。椋鸠十的《回归山野》，从小说题名即可看出作家对驯养动物重返自然的关怀。小说讲述了驯养的大块头猴子从挣脱束缚到融入猴群，最后成为首领的成长过程，不吝笔墨地描写大块头猴子的英勇无畏。椋鸠十着力表现猴子的野性力量，但又坦承猴子不能超越人类的智谋，在生死关头，人类为猴子的英勇所动，放弃追捕。借此，椋鸠十表露了对猴子优秀品质的赞扬，同时也表达了对人类手下留情的希冀。在激烈的冲突与较量之后，人猴仍有可能惺惺相惜，这是椋鸠十一再表达的生态观。

三、猴群及猴与其他动物的关系

《任性的猴子》讲的是强壮的公猴因年轻气傲，不守规矩，导致猴群受损，被迫离群索居的故事。

有一群猴子，每次集体行动都由年轻的公猴在最前面警戒，在最后面殿后。猴王时刻提醒大家遵守这个规矩，猴群因此得以多次避免被猎人捕杀。有一只年轻的公猴是所有猴子中身体素质最出色的，他认为自己有任性的资本，所以总是欺负弱小，或者在警戒时偷懒。有一次，这只公猴在警戒过程中被美食吸引，离开了猴群，导致猴群没有收到任何警报，一只猴妈妈和两只小猴子命丧猎人枪下。犯了众怒的公猴不得不离开猴群，独自品尝失去同伴的寂寞。

这一故事不涉及猴与人的关系，只是为读者讲述猴群生存中的一个插曲。但考虑到椋鸠十以少年为对象进行创作这一点，亦可将其解读为对少年的道德教化故事，年轻公猴恰似懵懂少年。日本社会崇尚集体主义，重视组织性和等级秩序，小说通过年轻公猴的下场警戒少年不要重蹈公猴覆辙，要恪守集体法则。猴群为了生存必须遵守法则，人类也需如此。

《大雕和猴子》讲述了母猴带着小猴躲避大雕捕杀，为救处于危险中的

① 刘卫英.还珠楼主大鸟意象的生态叙事及其渊源[J].中南民族大学学报（人文社会科学版），2013，33：(6)127-130.

小猴，以自己为诱饵牵制大雕，甚至不惜跳下悬崖的故事。

屋久岛的崇山峻岭上，五六十只猴子正在树枝上惊慌失措地跳跃奔逃，追赶者是一只大雕。大雕用有力的翅膀拍打猴子躲藏的树枝，然后飞上天空，猴子趁机跳到另一根树枝，大雕跟着拍打新的树枝。猴子最后被赶到岩壁的一棵杉树上，再也无路可逃，躲在树枝后瑟瑟发抖。突然，一个小小的东西从猴子肚子附近向下方的树枝掉落，大雕迅速起飞，想去抓那个东西。这时，那只发抖的猴子抓住树枝向山岩猛跳，结果直直地向下掉去。空中的大雕突然改变方向，箭一般扑向并抓住掉落的猴子，然后向远方飞去。这时，又有一只猴子的叫声从杉树枝叶间传来，原来这就是从刚才那只猴子肚子附近掉落的东西———只小猴子。猴妈妈为了救自己的孩子，选择了跳下悬崖牺牲自己。

小说对动物界的生存竞争场面描写得扣人心弦、惊心动魄，一方面展示了弱肉强食的动物界生态，另一方面母猴舍身救子的场面使读者产生共鸣，唤起读者对猴的同情心。椋鸠十借猎人佐佐木之口，说出“猴子是不能过度捕猎的。我虽然是岛上捉猴子的能手，其实每年也就捉七八只而已，有时可能还不如大雕捉的多呢”。这肯定了猎人身份的正当性，同时也指出不能过度捕猎，不能影响动物界生态。

小　结

综上所述，猴在芥川龙之介的作品中出现频率较高，涉及6部作品，时间跨度达10年。可以认为，在1915—1925这十年间，猴是芥川文学创作的一个重要形象和灵感来源。具体而言，其指代的意义或内涵主要为：相貌丑陋并且性格古怪的人、偷盗者、恶猴，以及一个特例——殉主的善猴。除这一特例外，芥川作品中的猴大都从说话集《今昔物语集》和“昔话”这些口传文本中吸取了营养，并呈现出与自身后期作品中“恶”这一主题的一致性。

椋鸠十一生致力于创作动物小说。生于20世纪初的椋鸠十，是日本国力壮大、军国主义思想膨胀、战争废墟以及战后经济重建等近现代日本发展史的见证人。作为作家，椋鸠十对人与自然界、人与社会、人与自身的生态关系有更深层次的思考和体认。19世纪末和20世纪初，随着世界范围内博物学的发

展，一批具有专业知识和从业经验的博物学家加入动物小说的创作，如罗伯茨、西顿、莫厄特等，他们一改往昔将动物拟人化的手法，致力于真实、客观地描写动物界的故事，践行生态中心主义。椋鸠十的动物小说与同时代动物小说家的生态意识相契合，认可动物的生态主体属性，展现动物生存生态以及人与动物的紧张关系，唤起人类对动物的同情、怜悯、宽容，以实现人与动物的情感相通和和谐共生。以少年为阅读对象的写作，更加体现了椋鸠十对少年生态意识的培养，体现了作家的人文关怀和良苦用心。而所有这些，在《椋鸠十动物小说：小猴子日吉》中均得到体现。在椋鸠十的大量动物小说先后被日本文部省和我国教育部指定为中小学推荐阅读书目的当下，希望本章节对青少年读者深入理解椋鸠十的动物小说有所助益。

结　论

日本猴在距今四五十万年前已先于日本人生活在日本列岛，其与日本人的交点要等到日本人出现之后。绳文前期贝冢出土的猴骨显示，日本猴尚是人们狩猎和食用的对象。绳文后期虽仍可见猎食猴的情况出现，但猴面坐产土偶与表现孕妇生产的弯曲土偶在形态上的类似，显示出绳文人已经认识到日本猴强大的生殖能力，从而出现了以猴为对象的原始生殖崇拜。对猴的原始崇拜还表现在绳文晚期贝冢中出土的猴桡骨制耳饰上，这种只有极少数人才有权佩戴的猴桡骨制耳饰也体现出猴不同于其他动物的特别甚至神秘之处。这种对猴的原始崇拜构成了日本文化中猴形象的文化大传统，这种传统在日本民间猴玩具等多重证据中以各种形式得到继承和发展。

猴的特别性甚至神秘性在进入有文字记录的历史时期后依然存在，具体表现为其文字表记与言灵信仰相结合，加上中国古代猿猴观的影响，出现了日语中表示动物猴的汉字从百花齐放到“猿”字一元独大的局面；在日本早期经典《日本书纪》中，猴与天皇的政治活动密切相关，还以政治隐喻的形式出现在谶谣等政治预言中，甚至被奉为日本皇室祖神天照大神的使者。在天武天皇时期，猴还被列为禁猎禁食动物，其与政治的紧密联系及神圣地位得以进一步加强，可称为当时政教合一政治形态的缩影。

从平安时代到镰仓时代，日本著名说话集《日本灵异记》中出现了猴神希望通过佛教方式转为人身的故事，《今昔物语集》和《宇治拾遗物语》中则都出现了惩治猴神型的典型故事，这两种类型的故事都体现出佛教影响力的提高。在惩治猴神型故事中，猴虽然名义上仍是神，拿活人作祭品来供自己享用，但故事往往也以废止活人祭的形式告终。其终结者要么是僧人，要么是勇武的猎人，都是新时代背景下有权力者的代表。这说明猴神的地位已经动摇，而且从其形象来看，已经由神蜕变为强要用活人献祭的妖怪，这一过程体现的是其神性的失落、动物性的回归，以及人性的觉醒和人地位的上升。

其他口传文艺方面，“昔话”中的猴整体上负面形象较多，其形象取决于猴的智慧程度、能否恰当运用自身的智慧，以及能否恰当处理与人或其他动物的关系，能则呈现出正面形象，否则就是负面的。当然也有的“昔话”中的猴形象很难说是正面还是负面的，这也体现出其形象的复杂性。

民俗信仰方面，民俗医疗、厩神信仰和庚申信仰中的猴均与治疗疾病或祛病消灾相关，后两者的源头都可以追溯到中国，而且均呈现出与中国不尽相同的发展。

日本近代文学中猴形象出现较多且较典型的当属芥川龙之介的作品，其中多为负面形象。这一方面反映出《今昔物语集》等古典说话集的影响，另一方面，至少就《桃太郎》中的猴形象而言，与章太炎的桃太郎观的影响也不无关系。进入现代之后，日本文学中出现了正面猴形象回潮的现象，这一时期较多描写猴的多是动物文学的代表作家，如椋鸠十、户川幸夫等，而动物文学作家多少摆脱了人类中心主义的影响，对包括猴在内的动物的生态和命运有更多的关切，因而其作品中出现的负面猴形象较少。这是以世界范围内的动物保护主义浪潮和动物福利运动为时代背景的。

整体而言，日本文化中的猴形象先是经历了绳文时代的独立发展，定下特别甚至神秘的基调，而后在汉字表记、厩神信仰、庚申信仰等方面受到中国等外来文化的影响，同时却呈现出与中国不尽相同的发展。另一方面，口传文艺中的日本猴多为负面形象，或者是由圣转凡、由正转负的转折点。此外，日本近代文学作品中出现较多且较典型的猴基本延续了猴跌落神坛后的负面形象，而现代文学中出现较多且较典型的猴形象之所以向正面转化，是因为受到了世界范围内动物保护主义的影响。

需要指出的是，正如有关猴的吉祥语、忌讳语、“昔话”等口传文艺所体现的那样，日本猴形象有其复杂性，不存在完全意义上的简单的线性发展趋势。本书只是选取了各方面较有代表性的文本，对其进行了整体观照，希望为后来学者的进一步研究提供参考。受学识所限，挂一漏万等不足之处在所难免，敬请方家批评指正。

参考文献

（以出版或发表时间为序）

中文文献

著作（译作）

[1] 许慎.说文解字（附检字）[M].北京：中华书局，1963.

[2] 金克木.梵语文学史[M].北京：人民文学出版社，1980.

[3] 列维-布留尔.原始思维[M].丁由，译.北京：商务印书馆，1981.

[4] 五卷书[M].季羡林，译.北京：人民文学出版社，1981.

[5] 缪启愉.齐民要术校释[M].缪桂龙，参校.北京：农业出版社，1982.

[6] 费尔迪南·德·索绪尔.普通语言学教程[M].高名凯，译.北京：商务印书馆，1985.

[7] 高丙中.民俗文化与民俗生活[M].北京：中国社会科学出版社，1994.

[8] 谢贵安.中国谶谣文化研究[M].海口：海南出版社，1998.

[9] 钟敬文.民俗学概论[M].上海：上海文艺出版社，1998.

[10] 欧阳询.艺文类聚：下[M].汪绍楹，校.上海：上海古籍出版社，1999.

[11] 张廷兴.谐音民俗[M].北京：中央民族大学出版社，2000.

[12] 陈寿.三国志[M].上海：上海古籍出版社，2002.

[13] 夏军.非理性世界[M].上海：上海三联书店，2002.

[14] 蔡春华.[M].上海：上海三联书店，2004.

[15] 埃里克·沃尔夫.欧洲与没有历史的人民[M].赵丙祥，刘传珠，杨玉静，译.上海：上海人民出版社，2006.

[16] 吕肖奂.中国古代民谣研究[M].成都：巴蜀书社，2006.

[17] 梅原猛.佛教十二讲[M].雷慧英，卞立强，译.成都：四川人民出版社，2008.

[18] 于长敏.管窥日本：从日本民间文学看日本民族文化[M].长春：吉林出版集团

有限责任公司, 2010.
[19] 陈怀宇.动物与中古政治宗教秩序[M].上海: 上海古籍出版社, 2012.
[20] 弗雷泽.金枝巫术与宗教之研究(上、下)[M].汪培基, 徐育新, 张泽石, 译.北京: 商务印书馆, 2013.
[21] 黄涛.中国民间文学概论[M].3版.北京: 中国人民大学出版社, 2013.
[22] 吴筠.玄猿赋[C]//杨吉成.中国生肖诗歌大典: 第5辑.成都: 巴蜀书社, 2013.
[23] 叶舒宪, 章米力, 柳倩月.文化符号学: 大小传统新视野[M].西安: 陕西师范大学出版社总社有限公司, 2013.
[24] 刘卫英, 王立.欧美生态伦理思想与中国传统生态叙事[M].北京: 北京师范大学出版集团, 2014.
[25] 高罗佩.长臂猿考[M].施晔, 译.上海: 中西书局, 2015.
[26] 马宏杰.最后的耍猴人[M].杭州: 浙江人民出版社, 2015.
[27] 张鹏.猿猴家书: 我们为什么没有进化成人[M].北京: 商务出版社, 2015.
[28] 龚鹏程.有知识的文学课[M].北京: 中华书局, 2016.
[29] 胡司德.古代中国的动物与灵异[M].蓝旭, 译.南京: 江苏人民出版社, 2016.
[30] 柳宗元.柳宗元选集[M].高文, 屈光, 选注.上海: 上海古籍出版社, 2016.
[31] 博里亚·萨克斯.神话动物园: 神话、传说与文学中的动物[M].多雅楠等, 译.刘建树, 校译.西安: 陕西师范大学出版总社, 2017.
[32] 椋鸠十.椋鸠十动物小说 : 小猴子日吉[M].程亮, 译.北京: 九州出版社, 2017.
[33] 尤瓦尔·赫拉利.人类简史: 从动物到上帝[M].林俊宏, 译.北京: 中信出版社, 2017.
[34] 彼得·伯克.图像证史[M].2版.杨豫, 译.北京: 北京大学出版社, 2018.
[35] 张亚婷.中世纪英国动物叙事文学研究[M].北京: 北京大学出版社, 2018.
[36] 刘雨珍.中日文学与文化交流史研究[M].南京: 江苏人民出版社, 2019.
[37] 唐启翠, 叶舒宪.文学人类学新论: 学科交叉的两大转向[M].上海: 复旦大学出版社, 2019.
[38] 杨骊, 叶舒宪.文学人类学新论: 四重证据法研究[M].上海: 复旦大学出版社, 2019.
[39] 彼得·伯克.什么是文化史[M].3版.蔡玉辉, 译.北京: 北京大学出版社, 2020.

[40] 李零.十二生肖中国年[M].北京：生活·读书·新知 三联书店，2020.

论文（译文）

[41] 吴承学.论谣谶与诗谶[J].文学评论，1996（2）：103-112.

[42] 上岛亮.敦煌的猴子[J].敦煌研究，1997（4）：20-25.

[43] 王立，古代动物悼亡殉死传说的文化内蕴[J].荆州师范学院学报，2000（1）：32-36.

[44] 上岛亮.日本民间猴玩具[J].东南文化，2002（4）：82-91.

[45] 广中智之.古代中国猴与马故事的源流——中外文化交流之一例[J].中国典籍与文化，2003（3）：118-123.

[46] 左江.对中韩日三国龟猴题材民间故事的再考察[J].民族文学研究，2005（2）：69-75.

[47] 蔡春华.民间故事中的日本——说说桃太郎和蟹猴大战[N].中华读书报，2007-4-4（18）.

[48] 山泰幸.民间传说与自然环境——治猿传说及猴子危害问题[A].2007年自然环境与民俗地理学中日国际学术研讨会[C].2007：385-393.

[49] 秦榕.中国猿猴意象与猴文化源流论[D].福州：福建师范大学，2008.

[50] 周桦薇.悲剧？喜剧？——关于《地狱变》[J].东京文学，2008（5）：32-34.

[51] 邢義田.「猴與馬」造型母題：一個草原與中原藝術交流的古代見證[J].美術史研究集刊，2009，26：193-224.

[52] 姚岚.《地狱变》中芥川解剖人性的“手术刀”[J].时代文学，2009（20）：79.

[53] 叶舒宪.物的叙事：中华文明探源的四重证据法[J].兰州大学学报（社会科学版），2010，38（6）：1-8.

[54] 徐微洁.汉日动物形象特征比较研究——以十二生肖动物为视角[J].浙江师范大学学报（社会科学版），2011，36（5）：111-114.

[55] 朱新望.我知道的中国动物小说[J].科普创作通讯，2011（2）：18-20.

[56] 朱银花.中日韩动物谚语素材的比较[J].剑南文学（经典教苑），2011（10）：361.

[57] 汪桂平.江浙民间的《庚申经》与庚申会[J].世界宗教研究，2012（1）：96-108.

[58] 乔纳森·卡勒.当今的文学理论[J].生安锋，译.外国文学评论，2012（4）：49-62.

[59] 赵静.日本民间故事猴形象考察[J].长江大学学报(社会科学版),2012(5):6-7.

[60] 张鹏,陈颖熙.中国古代猿猴之分及其文化认知[J].广西师范大学学报(哲学社会科学版),2013(1):29-38.

[61] 陳秀蘭,朱慶之."心猿意馬"的語源和流變[J].漢語史學報,2013,13:87-95.

[62] 刘卫英.还珠楼主大鸟意象的生态叙事及其渊源[J].中南民族大学学报(人文社会科学版),2013,33(6):127-130.

[63] 何清俊.隐喻世界的生存图景:汉语谐音文化视野中的传统吉祥图案[J].湖北社会科学,2014(3):107-109.

[64] 刘育涛.中日猴文化意象对比研究[D].西安:西北大学,2014.

[65] 崔莉,梁青.中日两国猴形象初探——从民间文学角度看中日两国的猴子形象[J].湖北第二师范学院学报,2014,31(9):4-8.

[66] 孙鸿燕.芥川龙之介笔下的猴子良秀与孙悟空之比较[J].长江大学学报(社科版),2015,38(8):29-31.

[67] 王秀文.日本民俗中的"猴"信仰及其传承[J].大连大学学报,2016(2):86-92.

[68] 张鹏,胡凯津,万晨玲.中国人与猿猴[N].中国科学报,2016-2-5(3).

[69] 叶舒宪.从玉教到儒教和道教——从大传统的信仰神话看华夏思想的原型[J].社会科学家,2017(1):137-142.

[70] 张长海.中国古代猴子与马组合形象的渊源、功能以及寓意[J].文物世界,2017(2):30-33.

[71] 陈舒.解析村上春树《品川猴》——以小说关键词为中心[J].青年文学家,2018(30):134-135.

[72] 张婷婷.从儿童文学中的动物形象看中日两国的儿童教育观[J].东北亚外语研究,2018(4):90-97.

[73] 张修远.论《地狱变》中猴子良秀与画师良秀的相似性与对立性[J].发现,2018(3):158,160.

[74] 陈怀宇.历史学的"动物转向"与"后人类史学"[J].史学集刊,2019(1):59-64.

[75] 陈怀宇.动物史的起源与目标[J].史学月刊,2019(3):115-121.

[76] 叶舒宪.文学人类学的理论与方法[J].上海交通大学学报(哲学社会科学

版），2019（1）：96-103.

［77］姜荣刚.“弼马温”渊源新辨——兼论中国古代猴马民俗与《西游记》小说的创作［J］.文化遗产，2019（5）：80-87.

［78］戴望云.民俗医疗、医疗民俗与疾痛叙事研究述评——兼论建构医疗民俗学理论范式的可能性［J］.杭州师范大学学报（社会科学版），2019，41（6）：127-133.

［79］张沐阳.猴子、大米与樱花——关于大贯惠美子的历史象征主义［J］.原生态民族文化学刊，2019，11（4）：113-118.

［80］赵旭.关于日本民间故事中“猴女婿”的研究——以人物形象及其文化阐释为中心［D］.长春：长春工业大学，2019.

日文文献

著作

［81］万葉集（一）［M］.高木市之助，五味智英，大野晋，校注.東京：岩波書店，1957.

［82］風土記［M］.秋本吉郎，校注.東京：岩波書店，1958.

［83］神島二郎.近代日本の精神構造［M］.東京：岩波書店，1961.

［84］柳田国男.定本柳田国男集５［M］.東京：筑摩書房，1962.

［85］杉原荘介.日本の考古学Ⅰ　先土器時代［M］.東京：河出書房新社，1965.

［86］日本書紀（下）［M］.坂本太郎，家永三郎，井上光貞，大野晋，校注.東京：岩波書店，1965.

［87］古今著聞集［M］.永積安明，島田勇雄，校注.東京：岩波書店，1966.

［88］宮地伝三郎.サルの話［M］.東京：岩波書店，1966.

［89］景戒.日本古典文学大系70　日本靈異記［M］.遠藤嘉基，春日和男，校注.東京：岩波書店，1967.

［90］日本書紀（上）［M］.坂本太郎，家永三郎，井上光貞，大野晋，校注.東京：岩波書店，1967.

［91］南方熊楠.南方熊楠全集１　十二支考［M］.東京：平凡社，1971.

［92］実吉達郎.動物の日本史—日本人と歩んだ動物35—［M］.東京：新人物往来社，1973.

[93] 関敬吾.一寸法師・さるかに合戦・浦島太郎 [M] .東京：岩波書店, 1975.

[94] 関敬吾.桃太郎・舌きり雀・花さか爺　[M] .東京：岩波書店, 1975.

[95] 坪田譲治.日本むかしばなし集（一）[M] .東京：新潮社, 1975.

[96] 日高敏隆.　動物はなぜ動物になったか [M] .東京：玉川大学出版部, 1976.

[97] 新潮日本古典集成　今昔物語集　本朝世俗部二 [M] .阪倉篤義, 本田義憲, 川端善明, 校注.東京：新潮社, 1979.

[98] 関敬吾.日本昔話大成1　動物昔話 [M] .東京：角川書店, 1979.

[99] 廣瀬鎮.ものと人間の文化史34　猿 [M] .東京：法政大学出版局, 1979.

[100] 窪徳忠.庚申信仰の研究（上）—日中宗教文化交渉史— [M] .東京：原書房, 1980.

[101] 村崎義正.猿まわし復活—その調教と芸— [M] .京都：部落問題研究所出版部, 1980.

[102] 滑川道夫.桃太郎像の変容 [M] .東京：東京書籍, 1981.

[103] 家永三郎.日本文化史（第2版）[M] .東京：岩波書店, 1982.

[104] 河合隼雄.昔話と日本人の心 [M] .東京：岩波書店, 1982.

[105] 柳田国男.日本の昔話 [M] .東京：新潮社, 1983.

[106] 村崎義正.猿まわし上下ゆき [M] .東京：筑摩書房, 1983.

[107] 新潮日本古典集成　今昔物語集　本朝世俗部四 [M] .阪倉篤義, 本田義憲, 川端善明, 校注.東京：新潮社, 1984.

[108] 菊地弘, 久保田芳太郎, 関口安義.芥川龍之介事典 [M] .東京：明治書院, 1985.

[109] 谷川健一.神・人間・動物—伝承を生きる世界— [M] .東京：講談社, 1986.

[110] 村崎修二.花猿誕生　道ゆく芸能をもとめて [M] .大阪：清風堂書店出版部, 1986.

[111] 東京大學國語研究室.　東京大學國語研究室資料叢書12　倭名類聚抄　天文本 [M] .東京：汲古書院, 1987.

[112] 広瀬鎮.猿と日本人　心に生きる猿たち [M] .東京：第一書房, 1989.

[113] 神島二郎.新版　日本人の発想 [M] .東京：講談社, 1989.

[114] 大阪人権歴史資料館.猿の文化史—猿と日本人、その歴史と信仰、芸能をさぐ

る— [M] .大阪:大阪人権歴史資料館, 1990.

[115] 村崎太郎.太郎の反省物語—ジローよ、やすらかに— [M] .東京:はる書房, 1990.

[116] 香月洋一郎, 佐藤佳子.猿曳き参上　村崎修二と安登夢の旅 [M] .東京:平凡社, 1991.

[117] 村崎義正.猿まわし千年の旅 [M] .東京:築地書館, 1991.

[118] 広瀬鎮.サル百態 [M] .東京:第一書房, 1992.

[119] 大貫恵美子.日本文化と猿 [M] .東京:平凡社, 1995.

[120] 飯田道夫.サルタヒコ考　猿田彦信仰の展開 [M] .京都:臨川書店, 1998.

[121] 稲田浩二.日本の昔話(上) [M] .東京:筑摩書房, 1999.

[122] 三戸幸久, 渡辺邦夫.人とサルの社会史 [M] .平塚:東海大学出版会, 1999.

[123] 福田晃, 常光徹, 斎藤寿始子.日本の民話を学ぶ人のために [M] .京都:世界思想社, 2000.

[124] 中野美代子.孫悟空の誕生　サルの民話学と「西遊記」[M] .東京:岩波書店, 2002.

[125] 石上七鞘.十二支の民俗伝承 [M] .東京:おうふう, 2003.

[126] 河合隼雄.神話と日本人の心 [M] .東京:岩波書店, 2003.

[127] 三戸幸久.サルとバナナ [M] .秦野:東海大学出版会, 2004.

[128] 白川静.新訂　字訓 [M] .東京:平凡社.2005.

[129] 笹原宏之.日本の漢字 [M] .東京:岩波書店, 2006.

[130] 上島亮.驚きの猿文化　～世界の猿文化紀行～ [M] .津:三重大学出版会, 2007.

[131] 中村禎里.動物たちの日本史 [M] .東京:海鳴社, 2008.

[132] 青木美智男.日本文化の原型 [M] .東京:小学館, 2009.

[133] 稲田浩二, 稲田和子.日本昔話ハンドブック [M] .東京:三省堂, 2010.

[134] 加藤迪男.十二支(えと)のことわざ事典 [M] .東京:日本地域社会研究所, 2010.

[135] 筒井功.猿まわし　被差別の民俗学 [M] .東京:河出書房新社, 2013.

[136] 前野佳彦.近代日本研究の方法的基礎 [M] .武漢:武漢大学出版社, 2013.

[137] 千松信也.けもの道の歩き方 [M] .東京:リトルモア, 2015.

[138] 設楽博己.十二支になった動物たちの考古学 [M] .東京:新泉社, 2015.

[139] 村﨑修二.愛猿奇縁　猿まわし復活の旅 [M] .大阪:解放出版社, 2015.

[140] 濱田陽.日本十二支考　文化の時空を生きる [M] .東京:中央公論新社, 2017.

论文

[141] 所三男.「齊民要術」と其の北條實時奥書本に就て [J] .社会経済史学, 1935 (11) :1290-1304.

[142] 窪徳忠.庚申信仰研究法私見 [J] .民俗學研究, 1960 (1-2) :412-437.

[143] 黒沢幸三.三輪氏の古伝承 [J] .文学, 1971 (2) :63.

[144] 鈴木尚.斗争により損傷された3個の古人骨 [J] .人類学雑誌, 1975 (3) : 272.

[145] 黒沢幸三.『霊異記』の文学史的位置 [J] .日本文学, 1975 (6) : 36-45.

[146] 黒川和雄, 三井高孟.家畜外科学の歴史 [J] .日本獣医師会雑誌, 1980 (5) : 229-232.

[147] 佐々木孝二.零落した神々の伝承 [J] .日本文学, 1982 (4) : 36-46.

[148] 西中川駿, 本田道輝, 松元光春.古代遺跡出土骨からみたわが国の牛馬の渡来時期とその経路に関する研究 [J] .平成2年度文部省科研費研究成果報告書, 1991.

[149] 野沢謙.東亜と日本在来馬の起源と系統 [J] .Japanese Journal of Equine Science, 1992, 3:1-18.

[150] 原田信男.米と肉の社会史—天皇・差別・国家領域— [J] .札幌大学女子短期大学部紀要, 1993, 21:1-8.

[151] 原田信男.中世における殺生観の展開 [J] .国立歴史民俗博物館研究報告, 1995, 61: 41-54.

[152] 東中川かほる.今昔物語集巻28にみる笑い [J] .笑い学研究, 1996, 3:34-38.

[153] 鄭高詠.猿のイメージに関する一考察——中国のことばと文化 [J] .言語と文化:愛知大学語学教育研究室紀要, 2004, 38 (11) :67-87.

[154] 濱田陽.日本十二支考＜猿＞＜鶏＞＜犬＞ [J] .帝京大学文學部紀要, 2014, 44:99-104.

[155] 馬場俊臣.「猿」に関することわざ——「猿」をどう捉えてきたか—— [J] .札幌国語研究, 2017, 22:11-22.

附　录

附表　日语中与猴有关的谚语、俗语、俗信[①]

序号	谚语、俗语、俗信	释义
1	秋の南風は猿の尾ほど吹いても振る	秋天哪怕刮一点南风都会下雨。 山口县柳井地区的俗信
2	朝、猿の話をすると縁起が悪い	早上聊猴不吉利
3	運送船に猿を乗せると順調に行かぬ	运输船上有猴子则不顺利
4	蟻が十匹猿五匹	即「蟻が十、五ざる」，意为“谢谢”
5	気遣いなしの木さいかち猿すべり	皂荚树不友好，猴子上去就滑倒
6	猿の喧嘩で掻くばかり	下日本象棋时手里的棋子全是“角”
7	猿の小用	猴子的小便容易浇到树上，即“木にかかる”，与“気にかかる”发音相近，故用来指代后者，意为挂念、担心
8	猿の病気	猴子的叫声“きき”与“聞き”构成双关语，而生病比较“つらい”，连起来就是“聞きづらい”，即不好开口问
9	見猿聞か猿言わ猿	对别人的缺点、过错或于己不利的事情，采取不看不听不说的态度
10	三つの猿より思わざるがよし	比起不看不听不说，不起妄念更重要
11	六本の樫に五つの猿でむつかしござる	形容某事很难
12	鼬笛吹く猿奏ず	动物之间也有其乐趣。平安时代俗谣
13	犬と猿	水火不容
14	犬猿の仲	
15	犬猿もただならず	

① 此处的谚语、俗语、俗信均可视作广义的谚语。因谚语中猴的负面形象较明显，故不作专文论述，仅作为附表列出。中文释义出自笔者。

续表

序号	谚语、俗语、俗信	释义
16	猿の犬を見るが如し	水火不容；咬牙切齿；如临大敌
17	当住と隠居とは犬と猿	户主和上一代户主关系不好
18	法華と念仏犬と猿	法华派和念佛派彼此不相容
19	嫁と姑、犬と猿	婆媳就像狗和猴的关系，水火不容
20	意馬心猿	佛教指心中难以抑制的烦恼或欲望，就像奔跑的马或闹腾的猴
21	心の猿	心中的欲念像猴子一样躁动不安
22	馬屋に猿	马厩拴猴，马病不愁
23	猿は馬の守り	
24	猿に絵馬	绝配；黄金搭档
25	猿猴が月を取る	猴子捞月，比喻不知天高地厚、没有自知之明，或因欲望丧命
26	月の影取る猿	
27	水の月取る猿	
28	猿猴する	猿猴手臂长，由此引申出偷盗之意
29	猿臂を伸ばす	胳膊长；伸长胳膊
30	女の猿知恵	女人的智慧有限
31	下衆の猿知恵	身份低下的人再怎么思考，其智慧都是浅薄而有限的
32	猿知恵	小聪明
33	猿は人間に毛が三筋足らぬ	猴似人而又非人，智慧也不及人
34	猿知恵牛根性	完全相反
35	猿が仏を笑う	小聪明的猴嘲笑大智慧的佛。班门弄斧
36	獼猴が帝釈天を嘲る	愚者嘲笑智者
37	九百九十九匹の鼻欠け猿、満足な一匹の猿を笑う	九百九十九只没有鼻子的猴子嘲笑一只正常的猴子。众口铄金，积毁销骨
38	猿の梢を渡る如し	身轻如燕；轻快敏捷
39	木から落ちた猿	无枝可依
40	猿が木から落ちたよう	
41	猿に木登り	班门弄斧；关公面前耍大刀

续表

序号	谚语、俗语、俗信	释义
42	猿の木登り	拿手好戏
43	猿も木から落ちる	智者千虑，必有一失；老虎也有打盹的时候
44	猿も頼めば木へ登らぬ	上赶子不是买卖
45	窮猿林に奔る豈木を択ぶに暇あらんや	要来的饭就别嫌馊
46	猿の水練、魚の木登り	判断错误；南辕北辙
47	上手の猿が手を焼く	大意失荆州
48	利口の猿が手を焼く	
49	飢饉年の猿	瘦得像猴的人。贪吃的人
50	毛のない猿	不懂感恩、不通人情的人
51	小猿の頬を押すよう	欺负弱者
52	鷲の見付けた子猿	手拿把攥；唾手可得
53	犬、猿も主人に従う	动物会模仿主人的癖好
54	讃岐の猿真似	爱模仿别人
55	猿が稗を揉むよう	猴子不知就里地模仿人
56	猿が髭揉む	嘲笑猴子学人捋胡子作威严态
57	猿が魚釣る	猴子用尾巴钓鱼。东施效颦
58	猿の人真似	东施效颦
59	土佐の猿真似	土佐人擅长模仿
60	猿の土佐踊り	嘲笑猴子模仿人跳舞时滑稽的样子
61	真似こきは猿	模仿别人的人就像猴子一样
62	三六去って猿眼	玩双六掷色子掷出三点和六点时的口头禅
63	猿が王になったら猿の前で踊れ	猴子做了大王就在猴子面前跳舞。谁得势就巴结谁
64	野猿を吹く	讨好；拍马屁
65	猿が柿あわす	性急；没耐心
66	猿が筍を折ったよう	因自己的行为带来意想不到的不好的结果而吃惊
67	猿が血を見て泣く	猴子看到血会害怕得哭

续表

序号	谚语、俗语、俗信	释义
68	猿が人参を貰ったよう	像猴子得到胡萝卜那样高兴
69	猿に数珠を見せたよう	猴子对念珠爱不释手，形容没完没了
70	猿が蚤取り眼	像猴子捉虱子时那样投入地扫视和搜寻东西
71	猿が守	照看闹得凶的孩子，比喻事情进展不顺利或见不到效果
72	猿が薤を剥くよう	层层剥去
73	猿使いの長刀	耍猴的带的长刀，比喻无用的东西
74	猿引きの長刀	装饰；摆设；无用的东西
75	猿引きの道具	腰里挂着很多东西
76	猿遣うようにする	像耍猴一样使唤别人
77	猿に烏帽子	名不副实
78	猿の冠着たよう	
79	沐猴にして冠す	沐猴而冠
80	山猿の冠狼の衣	华而不实；名不副实
81	猿にも衣装	人靠衣服马靠鞍
82	山家の猿も衣装柄	
83	猿に剃刀	非常危险
84	雪で拵えた猿を火事見舞いに遣る	极为危险
85	童の小刀猿のへのこ	要注意拿小刀的孩子和小便的猴子
86	猿眠り	像猴子一样弓着背打盹儿
87	三尺下がって猿眠り	要煮好饭，就不能总去揭锅盖，而是要与锅保持距离，注意火候，任其自煮
88	多少によらず水一寸、不動頭に火を焚いて、ぐつぐついわせて火を引いて、三尺下がって猿眠り、親が死ぬとも蓋取るな	同上
89	始めどんどん中ちょろちょろ、ぐつぐつ煮えに火を引いて三尺去って猿眠り、親が死ぬとも蓋取るな	同上
90	猿舞腰	弓着的腰

续表

序号	谚语、俗语、俗信	释义
91	猿の生き肝	猴子被骗后自救的故事
92	猿の柿笑い	看不到自己的缺点，却去嘲笑别人的缺点
93	猿の尻笑い	
94	猿の面笑い	
95	猿の花見	醉酒后脸红的样子
96	猿の霍乱	用来嘲笑脸红且痛苦着的人的说法
97	猿の火事見舞い	形容脸色通红
98	猿の尻は真っ赤	嘲笑猴子屁股红的说法
99	昔まっこう猿の尻は真っ赤にな	“昔话”结尾部分的惯用表达方式，意为“以前确实就是这样的”（正如猴子屁股红是无可争议的事实一样）
100	尻焼け猿	坐不住板凳
101	猿の牙	日本猴牙齿白，故用来指代精米、白米
102	猿の狂言	不对劲；不一致
103	猿の芝居	莫名其妙
104	猿の空虱	磨洋工
105	猿の豆拾い	猴子捡豆子，指让人着急
106	猿の餅買うよう	立即；马上；转眼间
107	猿の療治	忙活一通后病情不见好转，反而加重
108	猿は山王の使わしめ	猴子是山王神社的使者
109	猿、蛇、引くなどの言葉を聞けば不漁となる	听到“猴”“蛇”“退”等词就捕不到鱼
110	猿も食わねど高楊枝	猴尚且有自尊
111	猿も揉み手	待人接物放低姿态才是聪明的
112	猿を括るが如し	把手和脚都绑住
113	猿を柙中に置けば即ち豚と同じ	关在笼子里，猴与猪无异。没有好环境，有能也无能
114	四国の猿	对四国地区的人的称呼；乡巴佬
115	四国を回って猿となる	愚蠢的言行

续表

序号	谚语、俗语、俗信	释义
116	しし猿を追う	每天忙于做无用功
117	猪猿を逐う	每天忙于做无用功
118	しみつと猿こ辞儀するものでない	不应该过分讲究吉利或虚伪地客气
119	十五夜に東枕に寝て猿の夢を見れば死す	十五的晚上枕头朝东睡觉梦见猴的话就会死
120	東向きに寝て猿の夢を見ると三年しか生きられない	头朝东睡觉梦见猴子的话，只能活三年
121	他人の猿似	没有血缘关系长得却很像
122	たまたま事をすれば雄猿が孕む	嘲讽别人要做平常没有人做过的事情时说的一句话
123	美人の終わりは猿になる	美女老了比常人更丑
124	老人と悪口すると猿になる	对老人恶语相向的人会变成猴
125	痩せ地の豆の猿泣かせ	连猴子都不愿意吃贫瘠的土地上长出的豆子

后　　记

拙著是在博士论文基础上增删而成，虽欠成熟，却不失为一次有意义的探索。付梓之际，感慨良多，几番踌躇后，千言万语汇成一个词：感谢。

感谢我的恩师于长敏教授。在本书写作过程中，无论微观的字词还是宏观的结构，无论工作日还是节假日，老师都给了我悉心的指导。从本科、硕士再到博士，我都有幸跟随老师学习。老师的课堂让我如沐春风，老师的学识和人品让我在学业、工作和人生中均获益良多。

孟庆枢教授、刘研教授、陈秀武教授、陈百海教授、戴宇教授、宿久高教授、周异夫教授、徐明真教授和匿名的外审专家对本书提出了富有建设性的宝贵意见和建议，使得本书思路更加清晰，内容更为完善。在此一并表示感谢。

感谢日本"文化记号塾"前野佳彦先生和日本名古屋大学前野みち子教授对我的点拨。感谢在日本东北大学研修期间文学研究科佐藤弘夫教授和长冈龙作教授对我的关照和鼓励。感谢《西游记》研究者、日本东北大学矶部彰教授答应我的面谈请求，为我的研究指点迷津。感谢日本大分大学的田畑千秋教授，教授的冲绳妖怪研究开拓了我的思路。

感谢李国栋教授和李广悦老师邀请我参加收获颇丰的研讨会，让我在介绍自己研究的同时，得以结识一众青年才俊，进而刺激和完善了自己的写作思路。

感谢我的家人一直以来对我的支持和鼓励。我的慢性子加重了你们的负担，你们却无怨无悔地选择了承受。没有你们，我的学术乃至人生都无从谈起。

纸短意长，感谢不尽。